中外行政处罚法汇编

熊樟林 编

COMPILATION OF CHINESE AND FOREIGN
ADMINISTRATIVE
PENALTY LAWS

图书在版编目(CIP)数据

中外行政处罚法汇编/熊樟林编. —北京：北京大学出版社，2021.8
ISBN 978-7-301-32313-7

Ⅰ.①中… Ⅱ.①熊… Ⅲ.①行政处罚法—汇编—世界 Ⅳ.①D912.112.09

中国版本图书馆 CIP 数据核字(2021)第 140730 号

书　　　名	中外行政处罚法汇编 ZHONGWAI XINGZHENG CHUFAFA HUIBIAN
著作责任者	熊樟林　编
责 任 编 辑	徐　音
标 准 书 号	ISBN 978-7-301-32313-7
出 版 发 行	北京大学出版社
地　　　址	北京市海淀区成府路 205 号　100871
网　　　址	http://www.pup.cn　新浪微博：@北京大学出版社
电 子 信 箱	sdyy_2005@126.com
电　　　话	邮购部 010-62752015　发行部 010-62750672 编辑部 021-62071998
印 　刷 　者	天津中印联印务有限公司
经 　销 　者	新华书店
	965 毫米×1300 毫米　16 开本　17.25 印张　225 千字 2021 年 8 月第 1 版　2021 年 8 月第 1 次印刷
定　　　价	69.00 元

未经许可，不得以任何方式复制或抄袭本书之部分或全部内容。
版权所有，侵权必究
举报电话：010-62752024　电子信箱：fd@pup.pku.edu.cn
图书如有印装质量问题，请与出版部联系，电话：010-62756370

编者说明

行政处罚作为一种传统的社会治理手段，无论是在大陆法系还是在英美法系，都得到了广泛应用。但是，与行政许可类似，并不是所有国家和地区都会将有关行政处罚的制度安排，以一部总则性的法律规范予以统合。目前来看，除了1996年《中华人民共和国行政处罚法》之外，行政处罚单独的立法例实际上并不多见，仅有的几部法律分别是：《奥地利行政罚法》《德国违反秩序法》《俄罗斯联邦行政违法法典》，以及我国台湾地区"行政罚法"。

从时间对比上看，我国台湾地区"行政罚法"是2004年制定的。奥地利早在1926年就制定了《奥地利行政罚法》，它是全球第一部行政处罚法。德国于1952年制定了《德国违反秩序法》，该法内容详尽、规范全面，现行法共计135个条文，中文译稿近5万字，毫不夸张地说，它应是全球行政处罚法的范本。《俄罗斯联邦行政违法法典》可以追溯到1980年苏联最高苏维埃通过的《苏维埃社会主义共和国联盟和各加盟共和国行政违法立法原则》，距今也有40多年时间。

这些历经岁月洗礼并经实践反复检验的法律规则，是我们了解域外行政处罚权运行规范最为直接的素材。无论是在理论研究中还是在法律实践中，它们都应当是案头必备资料。然而，在此次2021年《中华人民共和国行政处罚法》修改之前，由于行政处罚问题并没有引起理论界的足够关注，加之语言障碍的原因，我们对这些比较法文本知之甚少。譬如，《奥地利行政罚法》尽管已颁布近100年，但至今并没有中文译本面世，目前我们能够接触到的多是一些学者的评论和介绍，①其真实面貌仍然是"月披轻纱画朦胧"，相关制度细节并不清晰，学者们所作的评论是否客观，也难以考证。又如，《德国违反秩序法》尽管有 1995 年的译本，②但距今也已过去 20 多年了，原法已经过多次修订，译本内容亟待更新。

正是基于这些考虑，同时恰逢《中华人民共和国行政处罚法》修改，我们才产生了翻译、汇编中外行政处罚法的想法。起初，我们主要是想翻译《奥地利行政罚法》和《德国违反秩序法》，但又注意到，其他国家和地区虽然并未就行政处罚单独立法，却也有一些十分相似的制度可供参考，尤其是一些大陆法系国家和地区。因此，我们还另外选择翻译了《日本轻犯罪法》和《意大利 1981 年 11 月 24 日第 689 号法律对刑法体系的修改》。这两部法律尽管是刑法，但其中一些有关轻犯罪的规定，与《奥地利行政罚法》和《德国违反秩序法》十分相似，对我国行政处罚理论与实践而言，同样具有一定的借鉴价值。

另外，在既往对行政处罚的研究过程中，我从一本名为《旧中国治安法规选编》的内部发行图书中，③看到了清末民初时期《违警律》的几个不同版本。它们是《中华人民共和国治安管理处罚法》的早期形态，也是反映我国行政处罚从刑法体系中逐渐脱离最为直接的立法史料，十分珍贵。考虑到这些资料目前并不容易获取，同时正在逐渐被人遗忘，因此我们也将其一并摘录，以备留存。

本书的具体分工如下（以章节为顺序）：

熊樟林：."中国编"整理、全书统稿；

查云飞：《德国违反秩序法》翻译与导读；

王树良：《日本轻犯罪法》翻译与导读；

---

① 如城仲模：《奥国行政罚制度析论》，载《台湾大学法学论丛》1977 年第 2 期。
② 参见《德国违反秩序法》，郑冲译，载《行政法学研究》1995 年第 1—4 期。
③ 参见戴鸿映编：《旧中国治安法规选编》，群众出版社 1985 年版。

刘向文、王圭宇:《俄罗斯联邦行政违法法典》翻译与导读;

罗冠男:《意大利1981年11月24日第689号法律对刑法体系的修改》翻译与导读;

张青波:《奥地利行政罚法》翻译与导读。

熊樟林

2021年4月

目　录

编者说明 …………………………………………………………（1）

中　国　编

中华人民共和国行政处罚法 …………………………………（3）
附录一：台湾地区"行政罚法" ………………………………（21）
附录二：清末和民国时期的行政处罚法 ……………………（34）
　　违警律(1908年) ………………………………………（34）
　　违警律施行办法(1908年) ……………………………（44）
　　违警律条文解释(1909年) ……………………………（48）
　　治安警察条例(1914年) ………………………………（49）
　　违警罚法(1915年) ……………………………………（55）
　　违警罚法(1928年) ……………………………………（66）
　　违警罚法(1943年) ……………………………………（78）

外 国 编

德国 …………………………………………………… （99）
  德国违反秩序法 ………………………………… （100）
日本 …………………………………………………… （161）
  日本轻犯罪法 …………………………………… （166）
俄罗斯 ………………………………………………… （169）
  俄罗斯联邦行政违法法典（节译） ……………… （181）
  俄罗斯苏维埃联邦社会主义共和国行政违法法典
  （节译） …………………………………………… （195）
意大利 ………………………………………………… （212）
  意大利1981年11月24日第689号法律对刑法体系的
  修改（节译） ……………………………………… （213）
奥地利 ………………………………………………… （231）
  奥地利行政罚法 ………………………………… （232）

后 记 ………………………………………………… （268）

中国编

中华人民共和国行政处罚法

（1996年3月17日第八届全国人民代表大会第四次会议通过，根据2009年8月27日第十一届全国人民代表大会常务委员会第十次会议《关于修改部分法律的决定》第一次修正，根据2017年9月1日第十二届全国人民代表大会常务委员会第二十九次会议《关于修改〈中华人民共和国法官法〉等八部法律的决定》第二次修正，2021年1月22日第十三届全国人民代表大会常务委员会第二十五次会议修订）

目　录

第一章　总则（第1—8条）
第二章　行政处罚的种类和设定（第9—16条）
第三章　行政处罚的实施机关（第17—21条）
第四章　行政处罚的管辖和适用（第22—38条）
第五章　行政处罚的决定
　　第一节　一般规定（第39—50条）
　　第二节　简易程序（第51—53条）
　　第三节　普通程序（第54—62条）
　　第四节　听证程序（第63—65条）
第六章　行政处罚的执行（第66—75条）
第七章　法律责任（第76—83条）
第八章　附则（第84—86条）

第一章 总 则

第一条 为了规范行政处罚的设定和实施,保障和监督行政机关有效实施行政管理,维护公共利益和社会秩序,保护公民、法人或者其他组织的合法权益,根据宪法,制定本法。

第二条 行政处罚是指行政机关依法对违反行政管理秩序的公民、法人或者其他组织,以减损权益或者增加义务的方式予以惩戒的行为。

第三条 行政处罚的设定和实施,适用本法。

第四条 公民、法人或者其他组织违反行政管理秩序的行为,应当给予行政处罚的,依照本法由法律、法规、规章规定,并由行政机关依照本法规定的程序实施。

第五条 行政处罚遵循公正、公开的原则。

设定和实施行政处罚必须以事实为依据,与违法行为的事实、性质、情节以及社会危害程度相当。

对违法行为给予行政处罚的规定必须公布;未经公布的,不得作为行政处罚的依据。

第六条 实施行政处罚,纠正违法行为,应当坚持处罚与教育相结合,教育公民、法人或者其他组织自觉守法。

第七条 公民、法人或者其他组织对行政机关所给予的行政处罚,享有陈述权、申辩权;对行政处罚不服的,有权依法申请行政复议或者提起行政诉讼。

公民、法人或者其他组织因行政机关违法给予行政处罚受到损害的,有权依法提出赔偿要求。

第八条 公民、法人或者其他组织因违法行为受到行政处罚,其违法行为对他人造成损害的,应当依法承担民事责任。

违法行为构成犯罪,应当依法追究刑事责任的,不得以行政处罚代替刑事处罚。

第二章 行政处罚的种类和设定

第九条 行政处罚的种类:

(一)警告、通报批评;

(二)罚款、没收违法所得、没收非法财物;

(三)暂扣许可证件、降低资质等级、吊销许可证件;

(四)限制开展生产经营活动、责令停产停业、责令关闭、限制从业;

(五)行政拘留;

(六)法律、行政法规规定的其他行政处罚。

第十条 法律可以设定各种行政处罚。

限制人身自由的行政处罚,只能由法律设定。

第十一条 行政法规可以设定除限制人身自由以外的行政处罚。

法律对违法行为已经作出行政处罚规定,行政法规需要作出具体规定的,必须在法律规定的给予行政处罚的行为、种类和幅度的范围内规定。

法律对违法行为未作出行政处罚规定,行政法规为实施法律,可以补充设定行政处罚。拟补充设定行政处罚的,应当通过听证会、论证会等形式广泛听取意见,并向制定机关作出书面说明。行政法规报送备案时,应当说明补充设定行政处罚的情况。

第十二条 地方性法规可以设定除限制人身自由、吊销营业执照以外的行政处罚。

法律、行政法规对违法行为已经作出行政处罚规定,地方性法规需要作出具体规定的,必须在法律、行政法规规定的给予行政处罚的行为、种类和幅度的范围内规定。

法律、行政法规对违法行为未作出行政处罚规定，地方性法规为实施法律、行政法规，可以补充设定行政处罚。拟补充设定行政处罚的，应当通过听证会、论证会等形式广泛听取意见，并向制定机关作出书面说明。地方性法规报送备案时，应当说明补充设定行政处罚的情况。

第十三条　国务院部门规章可以在法律、行政法规规定的给予行政处罚的行为、种类和幅度的范围内作出具体规定。

尚未制定法律、行政法规的，国务院部门规章对违反行政管理秩序的行为，可以设定警告、通报批评或者一定数额罚款的行政处罚。罚款的限额由国务院规定。

第十四条　地方政府规章可以在法律、法规规定的给予行政处罚的行为、种类和幅度的范围内作出具体规定。

尚未制定法律、法规的，地方政府规章对违反行政管理秩序的行为，可以设定警告、通报批评或者一定数额罚款的行政处罚。罚款的限额由省、自治区、直辖市人民代表大会常务委员会规定。

第十五条　国务院部门和省、自治区、直辖市人民政府及其有关部门应当定期组织评估行政处罚的实施情况和必要性，对不适当的行政处罚事项及种类、罚款数额等，应当提出修改或者废止的建议。

第十六条　除法律、法规、规章外，其他规范性文件不得设定行政处罚。

第三章　行政处罚的实施机关

第十七条　行政处罚由具有行政处罚权的行政机关在法定职权范围内实施。

第十八条　国家在城市管理、市场监管、生态环境、文化市场、交通运输、应急管理、农业等领域推行建立综合行政执法制度，相对集中行政处罚权。

国务院或者省、自治区、直辖市人民政府可以决定一个行政机关行使有关行政机关的行政处罚权。

限制人身自由的行政处罚权只能由公安机关和法律规定的其他机关行使。

第十九条 法律、法规授权的具有管理公共事务职能的组织可以在法定授权范围内实施行政处罚。

第二十条 行政机关依照法律、法规、规章的规定，可以在其法定权限内书面委托符合本法第二十一条规定条件的组织实施行政处罚。行政机关不得委托其他组织或者个人实施行政处罚。

委托书应当载明委托的具体事项、权限、期限等内容。委托行政机关和受委托组织应当将委托书向社会公布。

委托行政机关对受委托组织实施行政处罚的行为应当负责监督，并对该行为的后果承担法律责任。

受委托组织在委托范围内，以委托行政机关名义实施行政处罚；不得再委托其他组织或者个人实施行政处罚。

第二十一条 受委托组织必须符合以下条件：

（一）依法成立并具有管理公共事务职能；

（二）有熟悉有关法律、法规、规章和业务并取得行政执法资格的工作人员；

（三）需要进行技术检查或者技术鉴定的，应当有条件组织进行相应的技术检查或者技术鉴定。

第四章 行政处罚的管辖和适用

第二十二条 行政处罚由违法行为发生地的行政机关管辖。法律、行政法规、部门规章另有规定的,从其规定。

第二十三条　行政处罚由县级以上地方人民政府具有行政处罚权的行政机关管辖。法律、行政法规另有规定的,从其规定。

第二十四条　省、自治区、直辖市根据当地实际情况,可以决定将基层管理迫切需要的县级人民政府部门的行政处罚权交由能够有效承接的乡镇人民政府、街道办事处行使,并定期组织评估。决定应当公布。

承接行政处罚权的乡镇人民政府、街道办事处应当加强执法能力建设,按照规定范围、依照法定程序实施行政处罚。

有关地方人民政府及其部门应当加强组织协调、业务指导、执法监督,建立健全行政处罚协调配合机制,完善评议、考核制度。

第二十五条　两个以上行政机关都有管辖权的,由最先立案的行政机关管辖。

对管辖发生争议的,应当协商解决,协商不成的,报请共同的上一级行政机关指定管辖;也可以直接由共同的上一级行政机关指定管辖。

第二十六条　行政机关因实施行政处罚的需要,可以向有关机关提出协助请求。协助事项属于被请求机关职权范围内的,应当依法予以协助。

第二十七条　违法行为涉嫌犯罪的,行政机关应当及时将案件移送司法机关,依法追究刑事责任。对依法不需要追究刑事责任或者免予刑事处罚,但应当给予行政处罚的,司法机关应当及时将案件移送有关行政机关。

行政处罚实施机关与司法机关之间应当加强协调配合,建立健全案件移送制度,加强证据材料移交、接收衔接,完善案件处理信息通报机制。

第二十八条　行政机关实施行政处罚时,应当责令当事人改正或者限期改正违法行为。

当事人有违法所得,除依法应当退赔的外,应当予以没收。违法所得是指实施违法行为所取得的款项。法律、行政法规、部门规章对违法所得的计算另有规定的,从其规定。

第二十九条 对当事人的同一个违法行为,不得给予两次以上罚款的行政处罚。同一个违法行为违反多个法律规范应当给予罚款处罚的,按照罚款数额高的规定处罚。

第三十条 不满十四周岁的未成年人有违法行为的,不予行政处罚,责令监护人加以管教;已满十四周岁不满十八周岁的未成年人有违法行为的,应当从轻或者减轻行政处罚。

第三十一条 精神病人、智力残疾人在不能辨认或者不能控制自己行为时有违法行为的,不予行政处罚,但应当责令其监护人严加看管和治疗。间歇性精神病人在精神正常时有违法行为的,应当给予行政处罚。尚未完全丧失辨认或者控制自己行为能力的精神病人、智力残疾人有违法行为的,可以从轻或者减轻行政处罚。

第三十二条 当事人有下列情形之一,应当从轻或者减轻行政处罚:

(一)主动消除或者减轻违法行为危害后果的;
(二)受他人胁迫或者诱骗实施违法行为的;
(三)主动供述行政机关尚未掌握的违法行为的;
(四)配合行政机关查处违法行为有立功表现的;
(五)法律、法规、规章规定其他应当从轻或者减轻行政处罚的。

第三十三条 违法行为轻微并及时改正,没有造成危害后果的,不予行政处罚。初次违法且危害后果轻微并及时改正的,可以不予行政处罚。

当事人有证据足以证明没有主观过错的,不予行政处罚。法律、行政法规另有规定的,从其规定。

对当事人的违法行为依法不予行政处罚的,行政机关应当对当事人进行教育。

第三十四条 行政机关可以依法制定行政处罚裁量基准,规范行使行政处罚裁量权。行政处罚裁量基准应当向社会公布。

第三十五条 违法行为构成犯罪,人民法院判处拘役或者有期徒刑时,行政机关已经给予当事人行政拘留的,应当依法折抵相应刑期。

违法行为构成犯罪,人民法院判处罚金时,行政机关已经给予当事人罚款的,应当折抵相应罚金;行政机关尚未给予当事人罚款的,不再给予罚款。

第三十六条 违法行为在二年内未被发现的,不再给予行政处罚;涉及公民生命健康安全、金融安全且有危害后果的,上述期限延长至五年。法律另有规定的除外。

前款规定的期限,从违法行为发生之日起计算;违法行为有连续或者继续状态的,从行为终了之日起计算。

第三十七条 实施行政处罚,适用违法行为发生时的法律、法规、规章的规定。但是,作出行政处罚决定时,法律、法规、规章已被修改或者废止,且新的规定处罚较轻或者不认为是违法的,适用新的规定。

第三十八条 行政处罚没有依据或者实施主体不具有行政主体资格的,行政处罚无效。

违反法定程序构成重大且明显违法的,行政处罚无效。

第五章　行政处罚的决定

第一节　一般规定

第三十九条 行政处罚的实施机关、立案依据、实施程序和救济渠道等信息应当公示。

第四十条 公民、法人或者其他组织违反行政管理秩序的行为,依法应当给予行政处罚的,行政机关必须查明事实;违法事实不清、证据不足的,不得给予行政处罚。

第四十一条 行政机关依照法律、行政法规规定利用电子技术监控设备收集、固定违法事实的，应当经过法制和技术审核，确保电子技术监控设备符合标准、设置合理、标志明显，设置地点应当向社会公布。

电子技术监控设备记录违法事实应当真实、清晰、完整、准确。行政机关应当审核记录内容是否符合要求；未经审核或者经审核不符合要求的，不得作为行政处罚的证据。

行政机关应当及时告知当事人违法事实，并采取信息化手段或者其他措施，为当事人查询、陈述和申辩提供便利。不得限制或者变相限制当事人享有的陈述权、申辩权。

第四十二条 行政处罚应当由具有行政执法资格的执法人员实施。执法人员不得少于两人，法律另有规定的除外。

执法人员应当文明执法，尊重和保护当事人合法权益。

第四十三条 执法人员与案件有直接利害关系或者有其他关系可能影响公正执法的，应当回避。

当事人认为执法人员与案件有直接利害关系或者有其他关系可能影响公正执法的，有权申请回避。

当事人提出回避申请的，行政机关应当依法审查，由行政机关负责人决定。决定作出之前，不停止调查。

第四十四条 行政机关在作出行政处罚决定之前，应当告知当事人拟作出的行政处罚内容及事实、理由、依据，并告知当事人依法享有的陈述、申辩、要求听证等权利。

第四十五条 当事人有权进行陈述和申辩。行政机关必须充分听取当事人的意见，对当事人提出的事实、理由和证据，应当进行复核；当事人提出的事实、理由或者证据成立的，行政机关应当采纳。

行政机关不得因当事人陈述、申辩而给予更重的处罚。

第四十六条 证据包括：

（一）书证；

（二）物证；

（三）视听资料；

（四）电子数据；

（五）证人证言；

（六）当事人的陈述；

（七）鉴定意见；

（八）勘验笔录、现场笔录。

证据必须经查证属实，方可作为认定案件事实的根据。

以非法手段取得的证据，不得作为认定案件事实的根据。

第四十七条 行政机关应当依法以文字、音像等形式，对行政处罚的启动、调查取证、审核、决定、送达、执行等进行全过程记录，归档保存。

第四十八条 具有一定社会影响的行政处罚决定应当依法公开。

公开的行政处罚决定被依法变更、撤销、确认违法或者确认无效的，行政机关应当在三日内撤回行政处罚决定信息并公开说明理由。

第四十九条 发生重大传染病疫情等突发事件，为了控制、减轻和消除突发事件引起的社会危害，行政机关对违反突发事件应对措施的行为，依法快速、从重处罚。

第五十条 行政机关及其工作人员对实施行政处罚过程中知悉的国家秘密、商业秘密或者个人隐私，应当依法予以保密。

第二节 简易程序

第五十一条 违法事实确凿并有法定依据，对公民处以二百元以下、对法人或者其他组织处以三千元以下罚款或者警告的行政处罚的，可以当场作出行政处罚决定。法律另有规定的，从其规定。

第五十二条 执法人员当场作出行政处罚决定的，应当向当事人出示执法证件，填写预定格式、编有号码的行政处罚决定书，并当场交付当事人。当事人拒绝签收的,应当在行政处罚决定书上注明。

前款规定的行政处罚决定书应当载明当事人的违法行为,行政处罚的种类和依据、罚款数额、时间、地点,申请行政复议、提起行政诉讼的途径和期限以及行政机关名称,并由执法人员签名或者盖章。

执法人员当场作出的行政处罚决定,应当报所属行政机关备案。

第五十三条　对当场作出的行政处罚决定,当事人应当依照本法第六十七条至第六十九条的规定履行。

第三节　普通程序

第五十四条　除本法第五十一条规定的可以当场作出的行政处罚外,行政机关发现公民、法人或者其他组织有依法应当给予行政处罚的行为的,必须全面、客观、公正地调查,收集有关证据;必要时,依照法律、法规的规定,可以进行检查。

符合立案标准的,行政机关应当及时立案。

第五十五条　执法人员在调查或者进行检查时,应当主动向当事人或者有关人员出示执法证件。当事人或者有关人员有权要求执法人员出示执法证件。执法人员不出示执法证件的,当事人或者有关人员有权拒绝接受调查或者检查。

当事人或者有关人员应当如实回答询问,并协助调查或者检查,不得拒绝或者阻挠。询问或者检查应当制作笔录。

第五十六条　行政机关在收集证据时,可以采取抽样取证的方法;在证据可能灭失或者以后难以取得的情况下,经行政机关负责人批准,可以先行登记保存,并应当在七日内及时作出处理决定,在此期间,当事人或者有关人员不得销毁或者转移证据。

第五十七条　调查终结,行政机关负责人应当对调查结果进行审查,根据不同情况,分别作出如下决定:

(一)确有应受行政处罚的违法行为的,根据情节轻重及具体情

况,作出行政处罚决定;

(二)违法行为轻微,依法可以不予行政处罚的,不予行政处罚;

(三)违法事实不能成立的,不予行政处罚;

(四)违法行为涉嫌犯罪的,移送司法机关。

对情节复杂或者重大违法行为给予行政处罚,行政机关负责人应当集体讨论决定。

第五十八条 有下列情形之一,在行政机关负责人作出行政处罚的决定之前,应当由从事行政处罚决定法制审核的人员进行法制审核;未经法制审核或者审核未通过的,不得作出决定:

(一)涉及重大公共利益的;

(二)直接关系当事人或者第三人重大权益,经过听证程序的;

(三)案件情况疑难复杂、涉及多个法律关系的;

(四)法律、法规规定应当进行法制审核的其他情形。

行政机关中初次从事行政处罚决定法制审核的人员,应当通过国家统一法律职业资格考试取得法律职业资格。

第五十九条 行政机关依照本法第五十七条的规定给予行政处罚,应当制作行政处罚决定书。行政处罚决定书应当载明下列事项:

(一)当事人的姓名或者名称、地址;

(二)违反法律、法规、规章的事实和证据;

(三)行政处罚的种类和依据;

(四)行政处罚的履行方式和期限;

(五)申请行政复议、提起行政诉讼的途径和期限;

(六)作出行政处罚决定的行政机关名称和作出决定的日期。

行政处罚决定书必须盖有作出行政处罚决定的行政机关的印章。

第六十条 行政机关应当自行政处罚案件立案之日起九十日内作出行政处罚决定。法律、法规、规章另有规定的,从其规定。

第六十一条 行政处罚决定书应当在宣告后当场交付当事人;当事人不在场的,行政机关应当在七日内依照《中华人民共和国民事诉讼法》的有关规定,将行政处罚决定书送达当事人。

当事人同意并签订确认书的,行政机关可以采用传真、电子邮件等方式,将行政处罚决定书等送达当事人。

第六十二条　行政机关及其执法人员在作出行政处罚决定之前,未依照本法第四十四条、第四十五条的规定向当事人告知拟作出的行政处罚内容及事实、理由、依据,或者拒绝听取当事人的陈述、申辩,不得作出行政处罚决定;当事人明确放弃陈述或者申辩权利的除外。

第四节　听证程序

第六十三条　行政机关拟作出下列行政处罚决定,应当告知当事人有要求听证的权利,当事人要求听证的,行政机关应当组织听证:

（一）较大数额罚款;

（二）没收较大数额违法所得、没收较大价值非法财物;

（三）降低资质等级、吊销许可证件;

（四）责令停产停业、责令关闭、限制从业;

（五）其他较重的行政处罚;

（六）法律、法规、规章规定的其他情形。

当事人不承担行政机关组织听证的费用。

第六十四条　听证应当依照以下程序组织:

（一）当事人要求听证的,应当在行政机关告知后五日内提出;

（二）行政机关应当在举行听证的七日前,通知当事人及有关人员听证的时间、地点;

（三）除涉及国家秘密、商业秘密或者个人隐私依法予以保密外,听证公开举行;

（四）听证由行政机关指定的非本案调查人员主持;当事人认为主持人与本案有直接利害关系的,有权申请回避;

（五）当事人可以亲自参加听证,也可以委托一至二人代理;

（六）当事人及其代理人无正当理由拒不出席听证或者未经许可中途退出听证的，视为放弃听证权利，行政机关终止听证；

（七）举行听证时，调查人员提出当事人违法的事实、证据和行政处罚建议，当事人进行申辩和质证；

（八）听证应当制作笔录。笔录应当交当事人或者其代理人核对无误后签字或者盖章。当事人或者其代理人拒绝签字或者盖章的，由听证主持人在笔录中注明。

第六十五条 听证结束后，行政机关应当根据听证笔录，依照本法第五十七条的规定，作出决定。

第六章　行政处罚的执行

第六十六条 行政处罚决定依法作出后，当事人应当在行政处罚决定书载明的期限内，予以履行。

当事人确有经济困难，需要延期或者分期缴纳罚款的，经当事人申请和行政机关批准，可以暂缓或者分期缴纳。

第六十七条 作出罚款决定的行政机关应当与收缴罚款的机构分离。

除依照本法第六十八条、第六十九条的规定当场收缴的罚款外，作出行政处罚决定的行政机关及其执法人员不得自行收缴罚款。

当事人应当自收到行政处罚决定书之日起十五日内，到指定的银行或者通过电子支付系统缴纳罚款。银行应当收受罚款，并将罚款直接上缴国库。

第六十八条 依照本法第五十一条的规定当场作出行政处罚决定，有下列情形之一，执法人员可以当场收缴罚款：

（一）依法给予一百元以下罚款的；

（二）不当场收缴事后难以执行的。

第六十九条　在边远、水上、交通不便地区，行政机关及其执法人员依照本法第五十一条、第五十七条的规定作出罚款决定后，当事人到指定的银行或者通过电子支付系统缴纳罚款确有困难，经当事人提出，行政机关及其执法人员可以当场收缴罚款。

第七十条　行政机关及其执法人员当场收缴罚款的，必须向当事人出具国务院财政部门或者省、自治区、直辖市人民政府财政部门统一制发的专用票据；不出具财政部门统一制发的专用票据的，当事人有权拒绝缴纳罚款。

第七十一条　执法人员当场收缴的罚款，应当自收缴罚款之日起二日内，交至行政机关；在水上当场收缴的罚款，应当自抵岸之日起二日内交至行政机关；行政机关应当在二日内将罚款缴付指定的银行。

第七十二条　当事人逾期不履行行政处罚决定的，作出行政处罚决定的行政机关可以采取下列措施：

（一）到期不缴纳罚款的，每日按罚款数额的百分之三加处罚款，加处罚款的数额不得超出罚款的数额；

（二）根据法律规定，将查封、扣押的财物拍卖、依法处理或者将冻结的存款、汇款划拨抵缴罚款；

（三）根据法律规定，采取其他行政强制执行方式；

（四）依照《中华人民共和国行政强制法》的规定申请人民法院强制执行。

行政机关批准延期、分期缴纳罚款的，申请人民法院强制执行的期限，自暂缓或者分期缴纳罚款期限结束之日起计算。

第七十三条　当事人对行政处罚决定不服，申请行政复议或者提起行政诉讼的，行政处罚不停止执行，法律另有规定的除外。

当事人对限制人身自由的行政处罚决定不服，申请行政复议或者提起行政诉讼的，可以向作出决定的机关提出暂缓执行申请。符合法律规定情形的，应当暂缓执行。

当事人申请行政复议或者提起行政诉讼的，加处罚款的数额在行政复议或者行政诉讼期间不予计算。

第七十四条 除依法应当予以销毁的物品外,依法没收的非法财物必须按照国家规定公开拍卖或者按照国家有关规定处理。

罚款、没收的违法所得或者没收非法财物拍卖的款项,必须全部上缴国库,任何行政机关或者个人不得以任何形式截留、私分或者变相私分。

罚款、没收的违法所得或者没收非法财物拍卖的款项,不得同作出行政处罚决定的行政机关及其工作人员的考核、考评直接或者变相挂钩。除依法应当退还、退赔的外,财政部门不得以任何形式向作出行政处罚决定的行政机关返还罚款、没收的违法所得或者没收非法财物拍卖的款项。

第七十五条 行政机关应当建立健全对行政处罚的监督制度。县级以上人民政府应当定期组织开展行政执法评议、考核,加强对行政处罚的监督检查,规范和保障行政处罚的实施。

行政机关实施行政处罚应当接受社会监督。公民、法人或者其他组织对行政机关实施行政处罚的行为,有权申诉或者检举;行政机关应当认真审查,发现有错误的,应当主动改正。

第七章 法 律 责 任

第七十六条 行政机关实施行政处罚,有下列情形之一,由上级行政机关或者有关机关责令改正,对直接负责的主管人员和其他直接责任人员依法给予处分:

(一)没有法定的行政处罚依据的;

(二)擅自改变行政处罚种类、幅度的;

(三)违反法定的行政处罚程序的;

(四)违反本法第二十条关于委托处罚的规定的;

（五）执法人员未取得执法证件的。

行政机关对符合立案标准的案件不及时立案的，依照前款规定予以处理。

第七十七条 行政机关对当事人进行处罚不使用罚款、没收财物单据或者使用非法定部门制发的罚款、没收财物单据的，当事人有权拒绝，并有权予以检举，由上级行政机关或者有关机关对使用的非法单据予以收缴销毁，对直接负责的主管人员和其他直接责任人员依法给予处分。

第七十八条 行政机关违反本法第六十七条的规定自行收缴罚款的，财政部门违反本法第七十四条的规定向行政机关返还罚款、没收的违法所得或者拍卖款项的，由上级行政机关或者有关机关责令改正，对直接负责的主管人员和其他直接责任人员依法给予处分。

第七十九条 行政机关截留、私分或者变相私分罚款、没收的违法所得或者财物的，由财政部门或者有关机关予以追缴，对直接负责的主管人员和其他直接责任人员依法给予处分；情节严重构成犯罪的，依法追究刑事责任。

执法人员利用职务上的便利，索取或者收受他人财物、将收缴罚款据为己有，构成犯罪的，依法追究刑事责任；情节轻微不构成犯罪的，依法给予处分。

第八十条 行政机关使用或者损毁查封、扣押的财物，对当事人造成损失的，应当依法予以赔偿，对直接负责的主管人员和其他直接责任人员依法给予处分。

第八十一条 行政机关违法实施检查措施或者执行措施，给公民人身或者财产造成损害、给法人或者其他组织造成损失的，应当依法予以赔偿，对直接负责的主管人员和其他直接责任人员依法给予处分；情节严重构成犯罪的，依法追究刑事责任。

第八十二条 行政机关对应当依法移交司法机关追究刑事责任的案件不移交，以行政处罚代替刑事处罚，由上级行政机关或者有关机关责令改正,对直接负责的主管人员和其他直接责任人员依法给予处分;情节严重构成犯罪的,依法追究刑事责任。

第八十三条 行政机关对应当予以制止和处罚的违法行为不予制止、处罚,致使公民、法人或者其他组织的合法权益、公共利益和社会秩序遭受损害的,对直接负责的主管人员和其他直接责任人员依法给予处分;情节严重构成犯罪的,依法追究刑事责任。

第八章 附 则

第八十四条 外国人、无国籍人、外国组织在中华人民共和国领域内有违法行为,应当给予行政处罚的,适用本法,法律另有规定的除外。

第八十五条 本法中"二日""三日""五日""七日"的规定是指工作日,不含法定节假日。

第八十六条 本法自 2021 年 7 月 15 日起施行。

附录一:台湾地区"行政罚法"

(2005年2月5日公布,2011年11月8日修正)

目　　录

第一章　法例(第1—6条)

第二章　责任(第7—13条)

第三章　共同违法及并同处罚(第14—17条)

第四章　裁处之审酌加减及扩张(第18—23条)

第五章　单一行为及数行为之处罚(第24—26条)

第六章　时效(第27—28条)

第七章　管辖机关(第29—32条)

第八章　裁处程序(第33—44条)

第九章　附则(第45—46条)

第一章 法　　例

第一条　适用范围

违反行政法上义务而受罚锾、没入或其他种类行政罚之处罚时,适用本法。但其他法律有特别规定者,从其规定。

第二条　其他种类行政罚之定义及范围

本法所称其他种类行政罚,指下列裁罚性之不利处分:

(一)限制或禁止行为之处分:限制或停止营业、吊扣证照、命令停工或停止使用、禁止行驶、禁止出入港口、机场或特定场所、禁止制造、贩卖、输出入、禁止申请或其他限制或禁止为一定行为之处分。

(二)剥夺或消灭资格、权利之处分:命令歇业、命令解散、撤销或废止许可或登记、吊销证照、强制拆除或其他剥夺或消灭一定资格或权利之处分。

(三)影响名誉之处分:公布姓名或名称、公布照片或其他相类似之处分。

(四)警告性处分:警告、告诫、记点、记次、讲习、辅导教育或其他相类似之处分。

第三条　行为人之定义

本法所称行为人,系指实施违反行政法上义务行为之自然人、法人、设有代表人或管理人之非法人团体、"中央"或地方机关或其他组织。

第四条　处罚法定原则

违反行政法上义务之处罚,以行为时之法律或自治条例有明文规定者为限。

第五条　从新从轻原则

行为后法律或自治条例有变更者,适用行政机关最初裁处时之法律或自治条例。但裁处前之法律或自治条例有利于受处罚者,适用最有利于受处罚者之规定。

第六条 属地原则

在"中华民国"领域内违反行政法上义务应受处罚者,适用本法。

在"中华民国"领域外之"中华民国"船舰、航空器或依法得由"中华民国"行使管辖权之区域内违反行政法上义务者,以在"中华民国"领域内违反论。

违反行政法上义务之行为或结果,有一在"中华民国"领域内者,为在"中华民国"领域内违反行政法上义务。

第二章 责 任

第七条 责任要件——故意、过失及其推定

违反行政法上义务之行为非出于故意或过失者,不予处罚。

法人、设有代表人或管理人之非法人团体、"中央"或地方机关或其他组织违反行政法上义务者,其代表人、管理人、其他有代表权之人或实际行为之职员、受雇人或从业人员之故意、过失,推定为该等组织之故意、过失。

第八条 不知法规之责任及减免

不得因不知法规而免除行政处罚责任。但按其情节,得减轻或免除其处罚。

第九条 责任能力——年龄及精神状态

未满十四岁人之行为,不予处罚。

十四岁以上未满十八岁人之行为,得减轻处罚。

行为时因精神障碍或其他心智缺陷,致不能辨识其行为违法或欠缺依其辨识而行为之能力者,不予处罚。

行为时因前项之原因,致其辨识行为违法或依其辨识而行为之能力,显著减低者,得减轻处罚。

前二项规定,于因故意或过失自行招致者,不适用之。

第十条　不作为之责任

对于违反行政法上义务事实之发生,依法有防止之义务,能防止而不防止者,与因积极行为发生事实者同。因自己行为致有发生违反行政法上义务事实之危险者,负防止其发生之义务。

第十一条　免责事由1——依法令及依职务命令之行为

依法令之行为,不予处罚。

依所属上级公务员职务命令之行为,不予处罚。但明知职务命令违法,而未依法定程序向该上级公务员陈述意见者,不在此限。

第十二条　免责事由2——正当防卫

对于现在不法之侵害,而出于防卫自己或他人权利之行为,不予处罚。但防卫行为过当者,得减轻或免除其处罚。

第十三条　免责事由3——紧急避难

因避免自己或他人生命、身体、自由、名誉或财产之紧急危难而出于不得已之行为,不予处罚。但避难行为过当者,得减轻或免除其处罚。

第三章　共同违法及并同处罚

第十四条　共同违反义务行为之处罚

故意共同实施违反行政法上义务之行为者,依其行为情节之轻重,分别处罚之。

前项情形,因身份或其他特定关系成立之违反行政法上义务行为,其无此身份或特定关系者,仍处罚之。

因身份或其他特定关系致处罚有重轻或免除时,其无此身份或特定关系者,仍处以通常之处罚。

第十五条　并同处罚1——私法人有代表权之人

私法人之董事或其他有代表权之人,因执行其职务或为私法人之利益为行为,致使私法人违反行政法上义务应受处罚者,该行为人如有故意或重大过失时,除法律或自治条例另有规定外,应并受同一规定罚锾之处罚。

私法人之职员、受雇人或从业人员,因执行其职务或为私法人之利益为行为,致使私法人违反行政法上义务应受处罚者,私法人之董事或其他有代表权之人,如对该行政法上义务之违反,因故意或重大过失,未尽其防止义务时,除法律或自治条例另有规定外,应并受同一规定罚锾之处罚。

依前二项并受同一规定处罚之罚锾,不得逾新台币一百万元。但其所得之利益逾新台币一百万元者,得于其所得利益之范围内裁处之。

第十六条　并同处罚2——非法人团体或其他私法组织有代表权之人

前条之规定,于设有代表人或管理人之非法人团体,或法人以外之其他私法组织,违反行政法上义务者,准用之。

第十七条　机关或公法组织之处罚

"中央"或地方机关或其他公法组织违反行政法上义务者,依各该法律或自治条例规定处罚之。

第四章　裁处之审酌加减及扩张

第十八条　裁处之审酌及加减

裁处罚锾,应审酌违反行政法上义务行为应受责难程度、所生影响及因违反行政法上义务所得之利益,并得考量受处罚者之资力。

前项所得之利益超过法定罚锾最高额者,得于所得利益之范围内酌量加重,不受法定罚锾最高额之限制。

依本法规定减轻处罚时,裁处之罚锾不得逾法定罚锾最高额之二分之一,亦不得低于法定罚锾最低额之二分之一;同时有免除处罚之规定者,不得逾法定罚锾最高额之三分之一,亦不得低于法定罚锾最低额之三分之一。但法律或自治条例另有规定者,不在此限。

其他种类行政罚,其处罚定有期间者,准用前项之规定。

第十九条 职权不处罚

违反行政法上义务应受法定最高额新台币三千元以下罚锾之处罚,其情节轻微,认以不处罚为适当者,得免予处罚。

前项情形,得对违反行政法上义务者施以纠正或劝导,并作成记录,命其签名。

第二十条 不当利得之追缴

为他人利益而实施行为,致使他人违反行政法上义务应受处罚者,该行为人因其行为受有财产上利益而未受处罚时,得于其所受财产上利益价值范围内,酌予追缴。

行为人违反行政法上义务应受处罚,他人因该行为受有财产上利益而未受处罚时,得于其所受财产上利益价值范围内,酌予追缴。

前二项追缴,由为裁处之主管机关以行政处分为之。

第二十一条 没入

没入之物,除本法或其他法律另有规定者外,以属于受处罚者所有为限。

第二十二条 扩大没入

不属于受处罚者所有之物,因所有人之故意或重大过失,致使该物成为违反行政法上义务行为之工具者,仍得裁处没入。

物之所有人明知该物得没入,为规避没入之裁处而取得所有权者,亦同。

第二十三条 追征没入

得没入之物,受处罚者或前条物之所有人于受裁处没入前,予以处分、使用或以他法致不能裁处没入者,得裁处没入其物之价额;其致物之价值减损者,得裁处没入其物及减损之差额。

得没入之物,受处罚者或前条物之所有人于受裁处没入后,予以处分、使用或以他法致不能执行没入者,得追征其物之价额;其致物之价值减损者,得另追征其减损之差额。

前项追征,由为裁处之主管机关以行政处分为之。

第五章 单一行为及数行为之处罚

第二十四条 一行为不二罚原则1——数行政罚竞合之处理

一行为违反数个行政法上义务规定而应处罚锾者,依法定罚锾额最高之规定裁处。但裁处之额度,不得低于各该规定之罚锾最低额。

前项违反行政法上义务行为,除应处罚锾外,另有没入或其他种类行政罚之处罚者,得依该规定并为裁处。但其处罚种类相同,如从一重处罚已足以达成行政目的者,不得重复裁处。

一行为违反社会秩序维护法及其他行政法上义务规定而应受处罚,如已裁处拘留者,不再受罚锾之处罚。

第二十五条 数行为分别处罚原则

数行为违反同一或不同行政法上义务之规定者,分别处罚之。

第二十六条 行政罚与刑罚之竞合

一行为同时触犯刑事法律及违反行政法上义务规定者,依刑事法律处罚之。但其行为应处以其他种类行政罚或得没入之物而未经法院宣告没收者,亦得裁处之。

前项行为如经不起诉处分、缓起诉处分确定或为无罪、免诉、不受理、不付审理、不付保护处分、免刑、缓刑之裁判确定者,得依违反行政法上义务规定裁处之。

第一项行为经缓起诉处分或缓刑宣告确定且经命向公库或指定之公益团体、地方自治团体、政府机关、政府机构、行政法人、社区或其他符合公益目的之机构或团体,支付一定之金额或提供义务劳务者,其所支付之金额或提供之劳务,应于依前项规定裁处之罚锾内扣抵之。

前项劳务扣抵罚锾之金额,按最初裁处时之每小时基本工资乘以义务劳务时数核算。

依第二项规定所为之裁处,有下列情形之一者,由主管机关依受处罚者之申请或依职权撤销之,已收缴之罚锾,无息退还:

(一)因缓起诉处分确定而为之裁处,其缓起诉处分经撤销,并经判决有罪确定,且未受免刑或缓刑之宣告。

(二)因缓刑裁判确定而为之裁处,其缓刑宣告经撤销确定。

第六章 时 效

第二十七条 裁处权时效之期间

行政罚之裁处权,因三年期间之经过而消灭。

前项期间,自违反行政法上义务之行为终了时起算。但行为之结果发生在后者,自该结果发生时起算。

前条第二项之情形,第一项期间自不起诉处分、缓起诉处分确定或无罪、免诉、不受理、不付审理、不付保护处分、免刑、缓刑之裁判确定日起算。

行政罚之裁处因诉愿、行政诉讼或其他救济程序经撤销而须另为裁处者,第一项期间自原裁处被撤销确定之日起算。

第二十八条 裁处权时效之停止

裁处权时效,因天灾、事变或依法律规定不能开始或进行裁处时,停止其进行。

前项时效停止,自停止原因消灭之翌日起,与停止前已经过之期间一并计算。

第七章 管辖机关

第二十九条 土地管辖

违反行政法上义务之行为,由行为地、结果地、行为人之住所、居所或营业所、事务所或公务所所在地之主管机关管辖。

在"中华民国"领域外之"中华民国"船舰或航空器内违反行政法上义务者,得由船舰本籍地、航空器出发地或行为后在"中华民国"领域内最初停泊地或降落地之主管机关管辖。

在"中华民国"领域外之外国船舰或航空器于依法得由"中华民国"行使管辖权之区域内违反行政法上义务者,得由行为后其船舰或航空器在"中华民国"领域内最初停泊地或降落地之主管机关管辖。

在"中华民国"领域外依法得由"中华民国"行使管辖权之区域内违反行政法上义务者,不能依前三项规定定其管辖机关时,得由行为人所在地之主管机关管辖。

第三十条 共同管辖

故意共同实施违反行政法上义务之行为,其行为地、行为人之住所、居所或营业所、事务所或公务所所在地不在同一管辖区内者,各该行为地、住所、居所或所在地之主管机关均有管辖权。

第三十一条 管辖权竞合之处理

一行为违反同一行政法上义务,数机关均有管辖权者,由处理在先之机关管辖。不能分别处理之先后者,由各该机关协议定之;不能协议或有统一管辖之必要者,由其共同上级机关指定之。

一行为违反数个行政法上义务而应处罚锾,数机关均有管辖权者,由法定罚锾额最高之主管机关管辖。法定罚锾额相同者,依前项规定定其管辖。

一行为违反数个行政法上义务,应受没入或其他种类行政罚者,由各该主管机关分别裁处。但其处罚种类相同者,如从一重处罚已足以达成行政目的者,不得重复裁处。

第一项及第二项情形,原有管辖权之其他机关于必要之情形时,应为必要之职务行为,并将有关资料移送为裁处之机关;为裁处之机关应于调查终结前,通知原有管辖权之其他机关。

第三十二条　涉及刑事之移送与通知义务

一行为同时触犯刑事法律及违反行政法上义务规定者,应将涉及刑事部分移送该管司法机关。

前项移送案件,司法机关就刑事案件为不起诉处分、缓起诉处分确定或为无罪、免诉、不受理、不付审理、不付保护处分、免刑、缓刑、撤销缓刑之裁判确定,或撤销缓起诉处分后经判决有罪确定者,应通知原移送之行政机关。

前二项移送案件及业务联系之办法,由"行政院"会同"司法院"定之。

第八章　裁　处　程　序

第三十三条　出示证明文件

行政机关执行职务之人员,应向行为人出示有关执行职务之证明文件或显示足资辨别之标志,并告知其所违反之法规。

第三十四条　实时处置

行政机关对现行违反行政法上义务之行为人,得为下列之处置:

(一)实时制止其行为。

(二)制作书面记录。

(三)为保全证据之措施。遇有抗拒保全证据之行为且情况急迫者,得使用强制力排除其抗拒。

(四)确认其身份。其拒绝或规避身份之查证,经劝导无效,致确实无法辨认其身份且情况急迫者,得令其随同到指定处所查证身份;其不随同到指定处所接受身份查证者,得会同警察人员强制为之。

前项强制,不得逾越保全证据或确认身份目的之必要程度。

第三十五条　实时处置之救济及处理

行为人对于行政机关依前条所为之强制排除抗拒保全证据或强制到指定处所查证身份不服者,得向该行政机关执行职务之人员,当场陈述理由表示异议。

行政机关执行职务之人员,认前项异议有理由者,应停止或变更强制排除抗拒保全证据或强制到指定处所查证身份之处置;认无理由者,得继续执行。经行为人请求者,应将其异议要旨制作记录交付之。

第三十六条　物之扣留及限制

得没入或可为证据之物,得扣留之。

前项可为证据之物之扣留范围及期间,以供检查、检验、鉴定或其他为保全证据之目的所必要者为限。

第三十七条　强制扣留

对于应扣留物之所有人、持有人或保管人,得要求其提出或交付;无正当理由拒绝提出、交付或抗拒扣留者,得用强制力扣留之。

第三十八条　扣留记录与收据

扣留,应作成记录,记载实施之时间、处所、扣留物之名目及其他必要之事项,并由在场之人签名、盖章或按指印;其拒绝签名、盖章或按指印者,应记明其事由。

扣留物之所有人、持有人或保管人在场或请求时,应制作收据,记载扣留物之名目,交付之。

第三十九条　扣留物之处理

扣留物,应加封缄或其他标识,并为适当之处置;其不便搬运或保管者,得命人看守或交由所有人或其他适当之人保管。得没入之物,有毁损之虞或不便保管者,得拍卖或变卖而保管其价金。

易生危险之扣留物,得毁弃之。

第四十条　扣留物之发还

扣留物于案件终结前无留存之必要,或案件为不予处罚或未为没入之裁处者,应发还之;其经依前条规定拍卖或变卖而保管其价金或毁弃者,发还或偿还其价金。但应没入或为调查他案应留存者,不在此限。

扣留物之应受发还人所在不明,或因其他事故不能发还者,应公告之;自公告之日起满六个月,无人申请发还者,以其物归属公库。

第四十一条　扣留之救济及处理

物之所有人、持有人、保管人或利害关系人对扣留不服者,得向扣留机关声明异议。

前项声明异议,扣留机关认有理由者,应发还扣留物或变更扣留行为;认无理由者,应加具意见,送直接上级机关决定之。

对于直接上级机关之决定不服者,仅得于对裁处案件之实体决定声明不服时一并声明之。但第一项之人依法不得对裁处案件之实体决定声明不服时,得单独对第一项之扣留,径行提起行政诉讼。

第一项及前项但书情形,不影响扣留或裁处程序之进行。

第四十二条　陈述意见及例外

行政机关于裁处前,应给予受处罚者陈述意见之机会。但有下列情形之一者,不在此限:

(一)已依行政程序法第三十九条规定,通知受处罚者陈述意见。

(二)已依职权或依第四十三条规定,举行听证。

(三)大量作成同种类之裁处。

(四)情况急迫,如给予陈述意见之机会,显然违背公益。

(五)受法定期间之限制,如给予陈述意见之机会,显然不能遵行。

(六)裁处所根据之事实,客观上明白足以确认。

(七)法律有特别规定。

第四十三条　听证及例外

行政机关为第二条第一款及第二款之裁处前,应依受处罚者之申请,举行听证。但有下列情形之一者,不在此限:

（一）有前条但书各款情形之一。

（二）影响自由或权利之内容及程度显属轻微。

（三）经依行政程序法第一百零四条规定，通知受处罚者陈述意见，而未于期限内陈述意见。

第四十四条　裁处书之制作及送达

行政机关裁处行政罚时，应作成裁处书，并为送达。

第九章　附　　则

第四十五条　施行前之行为处置

本法施行前违反行政法上义务之行为应受处罚而未经裁处，于本法施行后裁处者，除第十五条、第十六条、第十八条第二项、第二十条及第二十二条规定外，均适用之。

前项行政罚之裁处权时效，自本法施行之日起算。

本法二零一一年十一月八日修正之第二十六条第三项至第五项规定，于修正施行前违反行政法上义务之行为同时触犯刑事法律，经缓起诉处分确定，应受行政罚之处罚而未经裁处者，亦适用之；曾经裁处，因诉愿、行政诉讼或其他救济程序经撤销，而于修正施行后为裁处者，亦同。

本法二零一一年十一月八日修正施行前违反行政法上义务之行为同时触犯刑事法律，于修正施行后受免刑或缓刑之裁判确定者，不适用修正后之第二十六条第二项至第五项、第二十七条第三项及第三十二条第二项之规定。

第四十六条　施行日

本法自公布后一年施行。

本法修正条文自公布日施行。

附录二：清末和民国时期的行政处罚法[①]

违警律(1908年)

光绪三十四年(1908年)四月初十日奉旨

目　录

第一章　总纲(第1—20条)

第二章　关于政务之违警罪(第21—24条)

第三章　关于公众危害之违警罪(第25—26条)

第四章　关于交通之违警罪(第27—28条)

第五章　关于通信之违警罪(第29条)

第六章　关于秩序之违警罪(第30条)

第七章　关于风俗之违警罪(第31—36条)

第八章　关于身体及卫生之违警罪(第37—41条)

第九章　关于财产之违警罪(第42—43条)

第十章　附条(第44—45条)

[①] 摘自戴鸿映编：《旧中国治安法规选编》，群众出版社1985年版。

第一章 总　　纲

第一条　凡犯本律各款在本律施行以后者,均按本律处罚。

第二条　凡本律所未载者,不得比附援引。

第三条　本律所定罚例分为七种如下:

（一）十五日以下十日以上之拘留,或十五元以下十元以上之罚金；

（二）十日以下五日以上之拘留,或十元以下五元以上之罚金；

（三）五日以下一日以上之拘留,或五元以下一角以上之罚金；

（四）十五元以下十元以上之罚金；

（五）十元以下五元以上之罚金；

（六）五元以下一角以上之罚金；

（七）各本条所指充公、停业及勒令歇业等处分。

第四条　凡拘留者拘留于巡警官署。

第五条　凡按本律处罚金者,限五日内完纳,若逾限无力完纳,每一元折拘留一日,其不满一元者亦以一日计算。

第六条　凡现犯本律各款者,巡警人员虽不持传票,亦可径行传案。现犯者,若系职官而确有公事在身者,不在此限。

第七条　因犯本律之嫌疑,经官传讯者,须于三日以内到案,若逾期不到,可径行判断,如有应得之罪,按律处罚。

第八条　凡犯本律各款者,其呈诉告发期限以六个月为断,按本律定罪,逾六个月未办者作为豁免。

第九条　凡同时犯本律二款以上者,各按应得之罪分别处罚,其拘留期限长至三十日为止,罚金数目多至三十元为止。

第十条　唆使人犯本律各款者,以正犯论。

第十一条　凡曾犯本律各款,于罚办完结后六个月以内,在同一管辖地方再犯者,加重一等。

第十二条 犯本律各款者,若情有可原,得酌量减轻一二等。

第十三条 犯本律各款而于未发觉以前,向巡警官署或被害人自首者,得减轻一二等,或代以申饬,其各本条有专例者不在此限。

受申饬者于六个月以内,在同一管辖地方再犯时,加重二等。

第十四条 凡按本律拘留者,若确有悔悟情状,于拘留期限过半后,不俟限满亦可释放。

第十五条 有心疾人犯本律各款者不论。

第十六条 未满十五岁人犯本律各款者,由巡警官署申饬后,告其父兄或抚养人自行管束。

若未满十五岁人经前项处分后,六个月以内在同一管辖地方有再犯者,科其父兄或抚养人以五元以下一角以上之罚金。

若无从查悉其父兄或抚养人者,八岁以上之幼童由巡警官署送入教养局,未满八岁者则送入育婴堂。

第十七条 凡为人所迫无力抗拒致犯本律各款者不论。

第十八条 犯本律各款未成者不论。

第十九条 凡律所称一等者,指如本条所定拘留期限、罚金数目四分之一而言,加重与减轻准其相抵。

因加减之故,拘留有不满一日、罚金不满一角者,准其豁免。

第二十条 本律所称以下、以上或以内者,俱连本数计算。

第二章　关于政务之违警罪

第二十一条 凡犯下列各款者,处十五日以下十日以上之拘留,或十五元以下十元以上之罚金:

(一)无故布散谣言者;

(二)于官吏办公处所聚众喧哗不听禁止者。

第二十二条　凡犯下列各款者，处十日以下五日以上之拘留，或十元以下五元以上之罚金：

（一）因曲庇犯本律之人，故意藏匿，或湮灭其证据，或捏造伪证者。

若于该案未判定前自省者，或系犯人亲属，免其处罚。

（二）诬告他人犯本律各款或伪为见证者。

若于该案未判定前自省者，免其处罚。

（三）毁损或除去官发告示者。

第二十三条　凡犯下列各款者，处五日以下一日以上之拘留，或五元以下一角以上之罚金：

（一）违背章程营商工之业者；

（二）违背章程开设戏园及各项游览处所者；

（三）凡死出非命，未经呈官相验，私行葬埋者。

第二十四条　凡犯下列各款者，处五元以下一角以上之罚金：

（一）迁移、婚娶、生死不遵章程呈报者；

（二）未经官准擅兴建筑或修缮或违背官定图样者；

（三）旅店不将投宿人姓名、住址及其职业呈报者。

于六个月以内犯本款至三次以上者，应令停业至十日为止，若屡犯不改则勒令歇业。

第三章　关于公众危害之违警罪

第二十五条　凡犯下列各款者，处十五日以下十日以上之拘留，或十五元以下十元以上之罚金：

（一）违背章程搬运火药及一切能炸裂之物者。

（二）违背章程储藏火药及一切能炸裂之物者。

（三）未经官准制造烟火或贩卖者。

（四）于人家稠密之处放点烟火及一切火器者。

（五）知有前三款之犯人而不告知巡警人员者。

若系犯人之亲属免其处罚。

（六）发现火药及一切能炸裂之物而不告知巡警人员者。

（七）于人家近傍或山林、田野滥行焚火者。

（八）当水火及一切灾变之际，由官署令其防护而抗不遵行者。

（九）房屋势将倾圮，由官署督促修理而延宕不遵者。

第二十六条 疏纵疯人或狂犬及一切危险之兽类奔突道路或入人宅第者，处五日以下一日以上之拘留，或五元以下一角以上之罚金。

第四章　关于交通之违警罪

第二十七条 凡犯下列各款者，处五日以下一日以上之拘留，或五元以下一角以上之罚金：

（一）于私有地界内当通行之处，有沟井及坎穴等不设覆盖及防围者；

（二）于多人聚集之处及弯曲小巷，驰骤车马或争道开车不听阻止者；

（三）乘自行车不设铃号者；

（四）夜中无灯火疾驱车马者；

（五）以木石堆积道路，不设防围或疏于标识点灯者；

（六）以瓦砾或秽物及禽兽骸骨投掷道路或投入人家者；

（七）未经官准于路旁、河岸等处开设店棚者；

（八）毁损道路、桥梁之题志，及一切禁止通行或指引道路之标识等类者；

（九）渡船、桥梁等曾经官署定有通行费之处，而于定数以上私行加索或故阻通行者。

其浮收之款概行充公,不得援第十三条减轻之例。

第二十八条 凡犯下列各款者,处五元以下一角以上之罚金:

（一）于渡船、桥梁等应给通行费之处,不给定价而通行者;

（二）于路旁罗列玩具及食物等类不听禁止者;

（三）滥系舟筏致损毁桥梁堤防者;

（四）将骡马诸车横于道路,或堆积木石薪炭等类,妨碍行人者;

（五）并牵车马妨害行人者;

（六）并舟水路妨害通船者;

（七）将冰雪尘芥投弃道路者;

（八）受官署之督促不洒扫道路者;

（九）于路旁游戏不听禁止者;

（十）疏于牵系牛马等类妨碍行人者;

（十一）于谕示禁止通行之处而通行者;

（十二）消灭路灯者。

第五章　关于通信之违警罪

第二十九条 凡犯下列各款者,处十五日以下十日以上之拘留,或十五元以下十元以上之罚金:

（一）妨害邮件或电报之递送,情节较轻者;

（二）损坏邮政专用物件,情节较轻者;

（三）妨害电话、电报之交通,情节较轻者。

第六章　关于秩序之违警罪

第三十条 凡犯下列各款者,处五日以下一日以上之拘留,或五元以下一角以上之罚金:

（一）于公有地界内建设房屋、墙壁及轩槛者。

（二）毁损路上植木或路灯者。

（三）由官署定价之物而加价贩卖者。

其浮收之款概行充公，不得援第十三条减轻之例。

于六个月以内犯本款至三次以上者，应令停业至十日为止，若屡犯不改则勒令歇业。

（四）于官地牧放牲畜不听禁止者。

（五）于禁止出入处所滥行出入者。

（六）潜伏无人之屋内者。

第七章　关于风俗之违警罪

第三十一条　凡犯下列各款者，处十五日以下十日以上之拘留，或十五元以下十元以上之罚金：

（一）游荡不事正业者；

（二）僧道恶化及江湖流丐强索钱物者；

（三）于私有地界内发现尸体，不报官署或潜移他所者；

（四）无故携带凶器者；

（五）暗娼卖奸或代媒合及容止者；

（六）唱演淫词淫戏者。

第三十二条　凡犯下列各款者，处十日以下五日以上之拘留，或十元以下五元以上之罚金：

（一）污损祠宇及一切公众营造物者；

（二）毁损墓碑者。

第三十三条　凡犯下列各款者，处五日以下一日以上之拘留，或五元以下一角以上之罚金：

（一）于路旁为类似赌博之商业者；

（二）于道路高声放歌不听禁止者；

（三）于道路酗酒喧噪或醉卧者；

（四）于道路口角纷争不听禁止者。

第三十四条　凡茶馆、酒肆及各项游戏处所，主人或经理人于巡警官署所定时限外听客逗留者，处十五元以下十元以上之罚金。

于六个月以内犯本款至三次以上者，应令停业十日为止，若屡犯不改则勒令歇业。

第三十五条　凡犯下列各款者，处十元以下五元以上之罚金：

（一）于巡警官署所定时限外，逗留茶馆、酒肆及各项游戏处所者；

（二）当众骂詈嘲弄人者。

犯本款者非经被害人呈诉不论。

第三十六条　凡犯下列各款者，处五元以下一角以上之罚金：

（一）于道路裸体者；

（二）奇装异服有碍风化者；

（三）于厕所外便溺者；

（四）未经本主充许，辄于人家墙壁贴纸或涂抹者；

（五）深夜无故喧嚷者；

（六）凡车夫、马夫、轿夫、船夫及一切佣工人等，预定佣值而事后强索加给，或虽未预定而事后讹索者。

犯本款者若屡犯不改，应勒令歇业。

第八章　关于身体及卫生之违警罪

第三十七条　凡犯下列各款者，处十五日以下十日以上之拘留，或十五元以下十元以上之罚金：

（一）加暴行于人未至成伤者。

(二）未经官准售卖含有毒质之药剂者。

于六个月以内犯本款至三次以上者,应令停业至十日为止,若屡犯不改则勒令歇业。

（三）于城市及人烟稠密之处开设粪厂者。

第三十八条　凡犯下列各款者,处十日以下五日以上之拘留,或十元以下五元以上之罚金：

（一）偶因过失污秽供人饮用之净水致不能饮用者；

（二）违背一切官定卫生章程者。

第三十九务　凡业经悬牌行术之医生或稳婆,无故不应招请者,处十元以下五元以上之罚金。

第四十条　凡犯下列各款者,处五元以下一角以上之罚金：

（一）毁损明暗各沟渠,或受官署督促不行浚治者；

（二）装置粪土秽物经过街市不施覆盖者。

第四十一条　凡犯第三十八条各款、第四十条第二款六个月以内至三次以上者,如系营业之人,应令停业至十日为止,若屡犯不改则勒令歇业。

第九章　关于财产之违警罪

第四十二条　凡犯下列各款者,处十日以下五日以上之拘留,或十元以下五元以上之罚金：

（一）违背章程损伤森林树木者；

（二）解放他人所系牛马及一切兽类,未致走失者；

（三）解放他人所系舟筏,未致漂失者。

第四十三条　凡犯下列各款者,处五元以下一角以上之罚金：

（一）无故毁损邸宅题志、店铺招牌及一切合理告白者；

（二）在官地或他人私有地内私掘土块、石块,情节较轻者；

（三）采食他人田野园囿之菜果或采折花卉者。

第十章 附 条

第四十四条 本律自钦定颁行文到之日起，限三个月，所有各直省一律施行。

其各地方有巡警制度未经设立完备者，得由各该省督抚酌量情形另定限期，奏明办理。

第四十五条 本律所载之外，各直省督抚得因地方情形酌定违警章程，变通办理，惟不得与本律相抵触。

违警律施行办法(1908年)

光绪三十四年(1908年)奉旨

第一条

不服违警之判断,应否准其呈控审判衙门或其他地方官衙门?查此项尚待详细核议,在未经议定办法以前,应暂时作为行政处分,不准再向审判衙门或其他地方官衙门呈控。

第二条

不得比附援引,应否准用类推解释?查比附援引与类推解释名异实同,故凡本律所不载者,不得率以类推解释定罪,即如本律第二十五条第九款所载,房屋势将倾圮、由官督催延宕不修一节,房屋字样界限极明,不能类推之,于将倒树木然,此等情形巡警人员固有谕告本主命其防止或除去之权,惟无科以违警罪之权而已。至类推解释与当然解释又自有别例,如第十七条仅载为人所迫,则用当然解释为天灾所迫自包其内,此则法理上所许者也。

第三条

所定罚例应否俱从以上本数起科?查违警律通行伊始,人民固未周知,官吏亦尚未习练,自应以从轻处断为宜,各项罚例俱从以上本数起科,系以情节轻者为标准,而以情节较重者依次加重,未始非防止滥用之意,嗣后违警定罚,除从前业有成案轻重可以比较而得之各项外,若系照此次定律始行处罚者,应俱从本数以上起科,庶有标准。

第六条

现犯本律各款者,巡警人员虽不持票可径行传案,此项巡警应否以着有制服或携有执照为限?查此项有传案权之巡警应以执务中为限,不必限定制服,盖有制服而并非在职务中者,例如每日赴厅上值及退值时之类,则只可有普通告发之权而不能径行将人传案,至执务中应否均着制服或携有执照,视定章程如何可也。

第八条

按本律定罪,逾六个月未办者作为豁免,是否期满免除之意?查本条系规定期满免除之例,凡逾期不到,经该管官署径行判断及定罪后逃逸不能执行者之类,均得适用本条。

第十条

唆使人犯本律各款以正犯论,可否分唆与使为二事?查唆使二字于法理上毫无分别,本条所谓唆使均指造意犯而言,不问被唆使者之知其意与否也。至因过失而致迫人犯本律各款者,是为过失共犯,不能以唆使犯论,过失共犯一层本律虽无明文,然由法理上言之,则此说颇为得当也。

第十一条

所载同一管辖地方,是否以各该原办之区为界限?查本条所以示再犯加重,同一管辖地方若范围过大固难调查,然若仅以各区为界限则范围又嫌过小,宜以各该分厅为界限,盖各区办结之案无不随时申报分厅,则调查尚不甚难也。

第十七条

仅载为人所迫,若为水火灾变所迫,应否论罪?查本条载为人所迫不论,由于人力者尚且无罪,则由天灾者更不待言,律文从略者乃举轻省重之意,此节所谓当然解释也。

第十九条

所载加重、减轻应以何数起算?查加减之法,应就以上、以下最低之数起算加减,例如罚金十元以下五元以上者,十元加一等则为十二元五角,五元加一等则为六元二角五分是也,又十元减一等则为七元五角,五元减一等则为三元九角五分是也,其余以此类推,凡各项律文均应如此解释,非独刑律草案为然,至因加减而致奇零者,则按本条第三项所定,准其豁免可也。

第二十三条

第一、二款所载违背章程,此项章程其实行期限应否以公布之日为始?查本条第一、二项及其余各条所载违背章程,若尚无章程,自属不能施行,其犯在未定章程以前者,可照第一条规定办理。

第二十九条

第一款至第三款所载,情节较轻应以何者为标准?查本条所载各项,与刑律草案相表里,现在刑律草案尚未实行,自不能适用该草案以行审判,然值解释本条以定情节较轻范围之际,以该草案所定事宜为解释本律之参考,尚非不合,如用此种解释方法,则于本条之实行亦不致大不便也。

第三十一条

第一款所载游荡不事正业,应否以有害风俗并事不正之业者为标准?查本条第一款所载,原非根本办法。在设立工场收容浮浪之人须令作工,今中国此项工场尚无设立,故有时只能科以拘留、罚金,亦为不得已之制裁,至实行之际宜有适当之限制,此论极是。嗣后遇有此项游荡之人,宜查明确系游荡而有妨害风俗之行为,或并无相当资产而有不正事业之确据,其不正之业除赌博等项应按各该本律办理外,其余均入本款范围。至虽系游荡不事正业,而有相当之资产及并无妨害风俗行为与一切危险情形者,均不在本款范围之内。

第三十六条

第二款奇装异服有碍风化者,应以何者为标准?查本款所载奇装异服,在视本国现在之风俗,以为适当之标准。男用女装、女用男装固属有碍风俗,即男用男装、女用女装有时亦不能为无害风俗。总之,与常用服饰相反,而足以惊骇耳目者皆是。不能悉举,在随时认定而已。

第三十六条

第三款厕所外便溺,是否包屋内厕所而言?查本款专指屋外厕所而言。至屋内厕所,虽在外便溺,不在本律范围之内。

第三十七条

第三款城市及人烟稠密之处,是否两项?查本款所载城市,系不分人烟稠密与否;至及市以外,乃以人烟稠密为准。

本律各款有规定于现行大清律例者,可否暂照大清律例办法?查此项须与法律馆法部会商妥定,在未经定议以前,仍由各该衙门按照向有专律、专例办理。

违警律条文解释(1909年)

宣统元年(1909年)三月民政部咨各省

第二十四条第三款第二项

按本条第三款第一项载，旅店不将投宿人姓名、住址及其职业呈报，第二项载于六个月以内犯至三次以上，应停业至十日为止等语，立法之意，盖为惩警店主起见。惟旅店停业与别项停业不同，若停业期内寓居各客概应迁走，则寓客转受店主之累，故此项停业办法，所有旧居之客在停业期内仍听其居住，惟新到之客一律不准接收，庶免繁扰而示限制。

第二十五条第一、第二两款

按本条第一、第二两款所谓违章搬运、储藏者，指已受官署之许可，未照定章行之者而言，至未经官署许可，擅行搬运、储藏者，即属私贩、私藏，应仍照刑律治罪，不在本律范围之内。

第二十五条第四款及第五款[①]

按本条第五款[②]第一项所谓前三款者，指第一至第三款而言，本条第四、第五两款，系排印时误置，自应更正，以免误会。

[①] 《旧中国治安法规选编》原文为"第三版"，本书作者更正为"第五款"。
[②] 同上。

治安警察条例(1914年)

法律第六号　民国三年(1914年)三月二日

第一条　行政官署因维持公共之安宁秩序,及保障人民之自由、幸福,对于下列事项,得行使治安警察权:

（一）制造、运输或私藏军器、爆裂物者；

（二）携带军器、爆裂物及其他危险物者；

（三）政治结社及其他关于公共事务之结社；

（四）政谈集会及其他关于公共事务之集会；

（五）屋外集合及公众运动、游戏或众人之群集；

（六）通衢大道及其他公众聚集往来场所粘贴文书、图画或散布、朗读,又或为其他言语形容并一切作为者；

（七）劳动工人之聚集。

第二条　除依法令得制造或运输军器及爆裂物者外,不得制造或运输军器及爆裂物。

警察官吏遇有违犯前项者,应径将其军器或爆裂物扣留。其认为有违犯前项之嫌疑者,得向本人或为之隐庇者径行搜索。

第三条　行政官署因维持安宁秩序,认为必要时,得禁止私藏军器或爆裂物。

第二条第二项规定,于违犯前项或认为有违犯前项之嫌疑者适用之。

第四条　除海陆军军人、警察官吏及其他依法令得携带军器者外,不得携带军器。

警察官吏遇有违犯前项者,应径将其军器扣留。其认为有违犯前项之嫌疑者,得径行搜索。

第五条 行政官署因维持安宁秩序,认为必要时,得带爆裂物或一切物件有军器、凶器及爆裂物之装置设备者。

警察官吏遇有违犯前项者,应径将其物扣留。其认为有违犯前项之嫌疑者,得径行搜索或检查。

第六条 政治结社,须于该社本部或支部组织之日起三日内,由主任人出名,按照下列事项,呈报于本报或支部事务所在地之该管警察官署,其呈报之事项有变更时亦同:

(一)名称;

(二)规约;

(三)事务所。

第七条 关于公共事务之结社,虽与政治无涉,行政官署因维持安宁秩序,认为必要时,得以命令令其依前条规定呈报。

第八条 下列各人,不得加入政治结社:

(一)褫夺公权尚未复权者;

(二)未成年人;

(三)女子;

(四)陆海军军人;

(五)警察官吏;

(六)僧道及其他宗教教师;

(七)小学校教员;

(八)学校学生。

第九条 行政官署对于结社,认为有下列情形之一者,命其解散:

(一)有扰乱安宁秩序之虞者;

(二)结社宗旨有妨害善良风俗之虞者;

(三)其他秘密结社者。

第十条　政谈集会,须于集会十二小时前,由发起人出名,按照下列事项,呈报于会场所在地之该管警察官署场所:

(一)场所;

(二)年月日时;

(三)于呈报之日时不开会者,其呈报为无效。

第十一条　关于公共事务之集会,虽与政治无涉,行政官署因维持安宁秩序,认为必要时,得以命令令其依前条规定呈报。

第十二条　下列各人,不得加入政谈集会:

(一)褫夺公权尚未复权者;

(二)未成年人;

(三)女子;

(四)陆海军军人;

(五)警察官吏;

(六)僧道及其他宗教教师;

(七)小学校教员;

(八)学校学生。

第十三条　警察官吏对于集会,认为有下列情形之一者,得中止其讲演,或命其解散:

(一)集会之讲演议论,有涉及刑法上之犯罪未经公判以前之案件,及禁止旁听之诉讼案件者;

(二)集会之讲演议论,有煽动或曲庇犯罪人或赞赏救护犯罪人及刑事被告人或陷害刑事被告人者;

(三)集会之讲演议论,有扰乱安宁秩序或妨害善良风俗之虞者。

第十四条　屋外集合或公众运动游戏,须于集合二十四小时前,由发起人出名,按照下列事项,呈报于集合所在地之该管警察官署;但婚丧庆祭宣讲所学生之体操运动及其他惯例所许者,不在此限。

(一)场所;

(二)年月日时;

(三) 须经过之路线。

第十五条 警察官吏对于屋外集合及公众运动游戏或众人之群集,认为有下列情形之一者,得限制、禁止或解散之:

(一) 有扰乱安宁秩序之虞者;

(二) 有妨害善良风俗之虞者。

第十六条 警察官吏对于结社之主任人集会及屋外集合、公众运动游戏之发起人有所询问,应据实答复。

第十七条 关于政谈集会,警察官署得派遣警察官吏着制服监临。关于其他不涉于政治之集会、屋外集合及公众运动游戏,警察官署因维持安宁秩序,认为必要时,亦同。

于前项情形,警察官吏得向发起人要求设监临席。

第十八条 于集会会场及屋外集合或公众运动游戏之地,故意喧哗骚扰,举动狂暴者,警察官吏得制止之。若不服时,得令其立时退出。

第十九条 依法令组织之议会议员,为预备议事之团结,不适用第六条之规定。

第二十条 依法令组织之议会议员,为预备选举,会合选举人、被选举人之集会,在投票前五十日内者,不适用第十条之规定。

第二十一条 警察官吏对于通衢大道及其他公众聚集往来场所,粘贴文书、图画或散布、朗读,又或为其他言语形容并一切作为,认为有下列情形之一者,得禁止并扣留其印写物品:

(一) 有扰乱安宁秩序之虞者;

(二) 有妨害善良风俗之虞者。

第二十二条 警察官吏对于劳动工人之聚集,认为有下列情形之一者,得禁止之:

(一) 同盟解雇之诱惑及煽动;

(二) 同盟罢业之诱惑及煽动;

(三) 强索报酬之诱惑及煽动;

（四）扰乱安宁秩序之诱惑及煽动；

（五）妨害善良风俗之诱惑及煽动。

第二十三条　违犯第二条第一项及违犯第三条第一项者，依暂行刑律第二百零三条、第二百零四条、第二百零五条、第二百零八条及第二百零九条处断。

第二十四条　违犯第四条第一项及违犯第五条第一项者，处以二十日以下之拘留，并科二十元以下之罚金。

第二十五条　违犯第六条者，处以三十元以下之罚金；呈报不实者，处以四十元以下之罚金。

第二十六条　违犯第七条者，处以十五元以下之罚金；呈报不实者，处以二十元以下之罚金。

第二十七条　违犯第八条加入政治结社者，处以二十元以下之罚金，使入社者亦同。

第二十八条　违犯第九条各款规定结社或加入第九条各款结社者，处以一年以下徒刑。

第二十九条　违犯第十条第一项者，处以二十元以下之罚金；呈报不实者，处以三十元以下之罚金。

第三十条　违犯第十一条者，处以十元以下之罚金；呈报不实者，处以十五元以下之罚金。

第三十一条　违犯第十二条发起政谈集会者，处以十五元以下之罚金，加入者处以十元以下之罚金。

第三十二条　不遵第十三条中止、解散之命者，处以五个月以下之徒刑，或十元以上五十元以下之罚金。

第三十三条　违犯第十四条者，处以十元以下之罚金；呈报不实者，处以十五元以下之罚金。

第三十四条　不遵第十五条限制、禁止、解散之命者，处以二十日以下之拘留，并科二十元以下之罚金。

第三十五条　不答复第十六条之询问或不据实答复及拒绝第十

七条第一项之监临或第二项监临席之要求者,处以三十元以下之罚金。

第三十六条 不遵第十八条退出之命者,处以十日以下之拘留,或十元以下之罚金。

第三十七条 不遵第二十一条禁止扣留之命,处以二十日以下之拘留,并科二十元以下之罚金。

第三十八条 不遵第二十二条禁止之命者,处以五个月以下之徒刑,或五元以上五十元以下之罚金。

第三十九条 依本条例科拘留及四十元以下罚金之事件,由该管警察官署长官或其代理官吏即决之。

第四十条 关于本条例公诉之时效为六个月。

第四十一条 本条例自公布日施行。

违警罚法(1915年)

民国四年(1915年)十一月七日公布

目 录

第一章 总纲(第1—31条)
第二章 妨害安宁之违警罚(第32条)
第三章 妨害秩序之违警罚(第33—37条)
第四章 妨害公务之违警罚(第38条)
第五章 诬告伪证及湮没证据之违警罚(第39条)
第六章 妨害交通之违警罚(第40—42条)
第七章 妨害风俗之违警罚(第43—45条)
第八章 妨害卫生之违警罚(第46—49条)
第九章 妨害他人身体财产之违警罚(第50—52条)
第十章 附则(第53条)

第一章 总　　纲

第一条　本法于违警在本法施行后者,适用之。

第二条　本法及其他法律、教令或法令所认许之警察章程无正条者,不论何种行为,不得处断。

第三条　未满十二岁人违警者,不处罚;但须告之其父兄或抚养人,责令自行管束。

前项之违警者,若无从查悉其父兄或抚养人时,得依其年龄施以感化教育,或送交收养儿童处所教养之。

第四条　精神病人违警者,不处罚;但精神病间断时间之行为,不在此限。

精神病人违警,不问其处罚与否,应告知其父兄或监护人,责令自行管束。

前项之违警者,若无从查悉其父兄、监护人时,得酌量情形,送入精神病院或精神病人之监置处所。

第五条　因救护自己或他人紧急危难,出于不得已之行为致违警者,不处罚;但其行为过当时,减一等或二等处罚。

第六条　凡有人力或天然力所迫,无力抗拒,致违警者不处罚。

第七条　违警未遂者,不处罚。

第八条　因违警处罚后六个月以内,在同一管辖地方再犯者,加一等处罚,三犯以上者加二等处罚。

第三条第一项及第四条第二项之违警者,于告知其父兄、抚养人或监护人后,六个月以内在同一管辖地方再犯者,处其父兄、抚养人或监护人以应得之罚。

依前项规定处罚者,以罚金为限。

第九条　违警行为同时涉及本法所列二款以上者,分别处罚。

第十条 二人以上共同实施违警行为者,皆为正犯,各科其罚。

前项之行为实施前或实施中帮助正犯者,为从犯,得减一等处罚。

第十一条 唆使他人实施违警行为者,为造意犯,准正犯论。

唆使造意犯者,准造意犯论。

第十二条 唆使或帮助从犯者,准从犯论。

第十三条 违警之罚则,为主罚及从罚。

主罚之种类如下:

(一)拘留,十五日以下一日以上;

(二)罚金,十五元以下一角以上;

(三)训诫。

从罚之种类如下:

(一)没收;

(二)停止营业;

(三)勒令歇业。

第十四条 拘留于巡警官署拘置之。

第十五条 罚金于判定后五日以内完纳,若逾期不肯完纳或无力完纳者,每一元易拘留一日,其不满一元者亦以一日计算。

依前项之规定,易处拘留后如欲完纳罚金时,得将已拘留之日数扣除计算之。

第十六条 没收之物如下:

(一)供违警所用之物;

(二)因违警所得之物。

没收之物,以违警者以外无有权利者为限。

第十七条 停止营业,其期间为十日以下。

第十八条 勒令歇业,于累犯同一违警行为者,适用之。

第十九条 因违警行为致损坏或灭失物品者,除依法处罚外,并得酌令赔偿。

第二十条 违警者于未发觉以前,向警察官署自首者,得减一等或二等处罚,或以训诫行之,但本法别有规定者不在此限。

向被害人自首,经警察官署审讯者,亦同。

第二十一条　审查违警者之素行、心术及其他情节,得酌量加重或减轻一等或二等处罚。

第二十二条　依第九条之规定处罚者,拘留不得逾三十日,罚金不得逾三十元。

第二十三条　本法所称一等,指各本条所定拘留期间、罚金数目四分之一而言,因罚之加减致拘留不满一日、罚金不满一角者得免除之,主罚免除者不免除没收。

第二十四条　本法所称以下、以上者,俱连本数计算。

第二十五条　受拘留之处罚,于拘留期间过半后确有悔悟实据者,得释放之。

第二十六条　违警之现行犯,巡警人员得不持传票径行传案,但违警者实有重要事务在身,确知其姓名、住址,又无逃亡之虞者,不在此限。

第二十七条　因违警之嫌疑,经官署传讯者,自传票到达之日起,须于三日以内到案,若逾期不到,得径行判定,依法处罚。

第二十八条　违警之起诉、告诉、告发期间,自违警行为完毕之日起,以六个月为限。

依本法处罚者,自判定之日起,满六个月后尚未执行时,免除之。

第二十九条　时期,以二十四小时为一日,以三十日为一月。

第三十条　时期之初日,不计时刻,以一日论;最终之日,阅全一日。

第三十一条　拘留者之释放,于期满之当日午后行之。

第二章　妨害安宁之违警罚

第三十二条　有下列各款行为之一者,处十五日以下之拘留或十五元以下之罚金：

（一）未经官署准许，制造或贩卖烟火者；

（二）于人烟稠密之处，燃放烟火及一切火器者；

（三）发现火药及一切能炸裂之物，不告知警察官署者；

（四）未经官署准许，私携凶器者；

（五）散布谣言者；

（六）于人家近傍或山林田野，滥行焚火者；

（七）当水火及一切灾变之际，经官署令其防护、救助，抗不遵行者；

（八）疏纵疯人、狂犬或一切危险之兽类，奔突道路或入人宅第及其他建筑物者。

第三章　妨害秩序之违警罚

第三十三条　有下列各款行为之一者，处十五日以下之拘留或十五元以下之罚金：

（一）违背法令、章程营工商之业者；

（二）违背法令、章程设开戏园及各种游览处所者；

（三）旅店确知投宿人有刑法上重大犯罪行为，或将有刑法上重大犯罪行为之举动，不秘密报告警察官署者。

第三十四条　有下列各款行为之一者，处十日以下之拘留或十元以下之罚金：

（一）婚姻、出生、死亡及迁移，不依法令、章程报告警察官署者；

（二）建筑物之建筑、修缮，不依法令、章程禀经警察官署准许，擅兴土木，或违背官署所定图样者；

（三）旅店、会馆及其他供人之住宿处所，不将投宿人姓名、年龄、籍贯、住址、职业及来往地方登记者；

（四）群众会合，警察官署有所询问，不据实陈述，或命其解散不解散者；

（五）死出非命，或发现来历不明之尸体，未经报告官署勘验，私行殓葬或移置他处者。

旅店及其他供人寄宿之处所，六个月以内在同一管辖地方违背前项第三款至三次以上者，得勒令歇业。

第三十五条 有下列各款行为之一者，处五日以下之拘留或五元以下之罚金：

（一）于私有地界外，建筑房屋、墙壁、轩槛等类者；

（二）房屋及一切建筑物势将倾圮，由官署督促修理或拆毁，而延宕不遵行者；

（三）毁坏路旁之植木、路灯或公置物品者；

（四）于学校、博物馆、图书馆及一切展览会场或其他供人居住处所聚众喧哗，不听禁止者；

（五）于道路或公共处所擅吹警笛者；

（六）于道路或公共处所高声放歌，不听禁止者；

（七）于道路或公共处所酗酒喧哗或醉卧者；

（八）于道路或公共处所口角争纷，不听禁止者；

（九）于禁止出入处所擅行出入者；

（十）潜伏于无人居住之屋内者；

（十一）深夜无故喧嚷者；

（十二）藉端滋扰铺户及其他营业处所者；

（十三）经官署定价之物，加价贩卖者；

（十四）凡夫役、佣工、车马等，预定佣值、赁价，事后强索加给，或未预定，事后或索或中道刁难者。

违犯前项第十三款、第十四款者，其加价所得之金钱没收之。

六个月以内，在同一管辖地方，违犯第一项第十三款、第十四款至二次以上者，得令其停业；三次以上者，得酌量情形勒令歇业。

第三十六条 茶馆、酒肆及其他游览处所之主人或经理人,于警察官署所定时限外听客逗留者,处十元以下之罚金。

六个月以内,在同一管辖地方违犯前项至二次以上者,得令其停业;三次以上者,得酌量情形勒令歇业。

第三十七条 于警察官署所定时限外,逗留茶馆、酒肆或其他游戏处所,经警察官吏、馆肆等主人或经理人劝令退去不听者,处五元以下之罚金。

第四章 妨害公务之违警罚

第三十八条 有下列各款行为之一者,处五日以下之拘留或五元以下之罚金:

(一)于官署及其他办公处所喧哗,不听禁止者;

(二)除去或毁损官发告示者。

第五章 诬告伪证及湮没证据之违警罚

第三十九条 有下列各款行为之一者,处十日以下之拘留或十元以下之罚金:

(一)诬告他人违警或伪为见证者;

(二)因曲庇违警之人,故意湮没其证据或捏造伪证者;

(三)藏匿违警之人或使之逃脱者。

前项第一款、第二款之违犯,于该案未判定以前自首者,免除其罚;第二款、第三款之违犯者,若系犯人亲属,亦同。

第六章 妨害交通之违警罚

第四十条 有下列各款行为之一者,处十五日以下之拘留或十五元以下之罚金:

(一)妨碍邮件或电报之递送,情节轻微者;

(二)损坏邮务专用物件,情节轻微者;

(三)妨碍电报、电话之交通,情节轻微者。

第四十一条 有下列各款行为之一者,处五日以下之拘留或五元以下之罚金:

(一)于私有地界内当通行之处,有沟井坎穴等不设覆盖及防围者;

(二)于公众聚集之处及弯曲小巷,驰骤车马或争道竞行,不听阻止者;

(三)各种车辆,不遵章设置铃号,或违章设置者;

(四)未经官署准行,于路旁、河岸等处开设店棚者;

(五)毁损道路、桥梁之题志,及一切禁止通行或指引道路之标识等类者;

(六)渡船、桥梁等,曾经官署定有一定通行费额,于定数以上私行浮收或故阻通行者。

前项第六款浮收之金钱,没收之。

第四十二条 有下列各款行为之一者,处五元以下之罚金:

(一)于渡船、桥梁等应给通行费之处,不给定价强自通行者;

(二)于路旁罗列商品、玩具及食物等类,不听禁止者;

(三)滥系车、筏,致损毁桥梁、堤防者;

(四)于道路横列车马或堆积木石、薪炭及其他物品,妨碍行人者;

(五)于道路溜饮车马或疏于牵系,妨碍行人者;

（六）并行车马，妨碍行人者；

（七）并航水路，妨碍通船者；

（八）将冰雪、尘芥、瓦砾、秽物等类投弃道路者；

（九）于道路游戏，不听禁止者；

（十）受官署之督促，不洒扫道路者；

（十一）车马夜行，不燃灯火者；

（十二）消灭路灯者；

（十三）于谕示禁止通行之处，擅自通行者。

第七章　妨害风俗之违警罚

第四十三条　有下列各款行为之一者，处十五日以下之拘留或十五元以下之罚金：

（一）游荡无赖，行迹不检者；

（二）僧道恶化，及江湖流丐强索钱物者；

（三）暗娼卖奸，或代为媒合及容留住宿者；

（四）唱演淫词淫戏者。

第四十四条　有下列各款行为之一者，处十日以下之拘留或十元以下之罚金：

（一）污损祠宇及一切公众营造物，情节尚轻者；

（二）污损他人之墓碑者；

（三）当众骂詈嘲弄人者；

（四）使用人对于佣主及佣主之宾客，有狂暴之言论或动作者；

（五）于道路叫骂，不听禁止者。

前项第三款、第四款之违犯，经被害者告诉乃论。

第四十五条　有下列各款行为之一者，处五日以下之拘留或五元以下之罚金：

（一）于道路或公共处所,为类似赌博之行为者;

（二）于道路或公共处所,赤身露体及为放荡之姿势者;

（三）于道路或公共处所,为猥亵之言语举动者;

（四）奇服异装,有碍风化者。

第八章　妨害卫生之违警罚

第四十六条　有下列各款行为之一者,处十五日以下之拘留或十五元以下之罚金:

（一）未经官署准许,售卖含有毒质之药剂者;

（二）于人烟稠密之处,开设粪厂者;

（三）于人烟稠密之处,晒晾或煎熬一切发生秽气之物品,不听禁止者;

（四）售卖毒药、堕胎药及张贴此等告白者。

六个月以内,于同一管辖地方,违犯前项第一款至二次以上者,应令停业;三次以上者,得勒令歇业。

违犯第一项第二款者,勒令歇业。

第四十七条　有下列各款行为之一者,处十日以下之拘留或十元以下之罚金:

（一）应加覆盖之饮食物不加覆盖,陈列售卖者;

（二）掺杂有害卫生之物质于饮食物而售卖,藉牟不正之利益者;

（三）售卖非真正之药品,或深夜逢人危急拒绝卖药者。

第四十八条　业经准许悬牌行术之医生或产婆,无故不应招请者,处十元以下之罚金,其应人招请无故迟延者亦同。

第四十九条　有下列各款行为之一者,处五元以下之罚金:

（一）损毁明暗沟渠,或受官署督促不行浚治者;

（二）装置粪土、秽物经过街道,不加覆盖或任意停留者;

（三）于商埠繁盛地点，任意停泊粪船者；

（四）以秽物或禽兽骸骨，投入人家者；

（五）于道路或公共处便溺者。

第九章 妨害他人身体财产之违警罚

第五十条 有下列各款行为之一者，处十五日以下之拘留或十五元以下之罚金：

（一）加暴行于人，未至伤害者；

（二）以不正之目的，施催眠术者。

第五十一条 有下列各款行为之一者，处十日以下之拘留或十元以下之罚金：

（一）解放他人所有牛马及一切动物，未致走失者；

（二）解放他人所系舟筏，未致漂失者；

（三）强买、强卖物品书类，迹近要挟者。

第五十二条 有下列各款行为之一者，处五日以下之拘留或五元以下之罚金：

（一）无故强人面会，或追随他人之身旁，经阻止不听者；

（二）无故毁损邸宅题志、店铺招牌及一切合理告白者；

（三）任意于人家墙壁或建筑物张贴纸类，或涂抹画刻者；

（四）在官地或他人私有地内私掘土块、石块，情节轻微者；

（五）采折他人之树木、花卉或菜果者；

（六）践踏他人田园或牵入牛马者。

第十章 附 则

第五十三条 本法自公布日施行。

违警罚法(1928年)

民国十七年(1928年)七月二十一日国民政府公布,同日施行

目 录

第一章 总纲(第1—31条)

第二章 妨害安宁之违警罚(第32条)

第三章 妨害秩序之违警罚(第33—37条)

第四章 妨害公务之违警罚(第38条)

第五章 诬告伪证及湮没证据之违警罚(第39条)

第六章 妨害交通之违警罚(第40—42条)

第七章 妨害风俗之违警罚(第43—45条)

第八章 妨害卫生之违警罚(第46—49条)

第九章 妨害他人身体财产之违警罚(第50—52条)

第十章 附则(第53条)

第一章 总 纲

第一条 本法如违警在本法施行后者,适用之。

(令)铁道警察应适用违警罚法。(民国二十年十一月十八日,行政院训令,内政、铁道两部第五八三五号)

第二条 本法及其他法令或法令所认许之警察章程无正条者,不论何种行为不得处罚。

第三条 未满十三岁人违警者不处罚,但须告知其父兄或抚养人,责令自行管束。

前项之违警者,若无从查悉其父兄或抚养人时,得依其年龄施以感化教育,或送交收养儿童处所教养之。

第四条 心神丧失人违警者不处罚,但应告知其父兄或监护人,责令自行管束。

前项之违警者,若无从查悉其父兄或监护人时,得酌量情形送入相当病院,或心神丧失人之监置处所。

第五条 因救护自己或他人紧急危难,出于不得已之行为致违警者不处罚,但其行为过当时,得减本罚四分之一或二分之一处罚。

第六条 凡为人力或天然力所迫,无力拒抗致违警者,不处罚。

第七条 违警未遂者不处罚。

第八条 因违警处罚后,六个月以内在同一管辖地方再犯者,加本罚四分之一处罚,三犯以上者加本罚二分之一处罚。

第三条第一项及第四条第一项之违警者,于告知其父兄、抚养人或监护人后,六个月以内在同一管辖地方再犯者,处其父兄、抚养人或监护人以应得之罚。

依前项规定处罚者,以罚金为限。

(解)违警罚法第八条所称同一管辖地方,应以区署管辖或分署而

与本署划地分辖为标准;所谓分驻所,若仅有派出所性质,则不能依以定管辖。(民国十年,统字第一六三五号)

第九条 违警行为同时涉及本法所列二款以上者,分别处罚。

第十条 二人以上共同实施违警行为者,皆为正犯,各科其罚。

帮助正犯者为从犯,得减本罚四分之一处罚。

第十一条 唆使他人实施违警行为者,为造意犯,准正犯论。

唆使造意犯者,准造意犯论。

第十二条 唆使或帮助从犯者,准从犯论。

第十三条 违警之罚则为主罚及从罚。

主罚之种类如下:

(一)拘留,十五日以下一日以上;

(二)罚金,十五元以下一角以上;

(三)训诫。

从罚之种类如下:

(一)没收;

(二)停止营业;

(三)勒令歇业。

第十四条 拘留于公安局、所拘置之。

(解)违禁罪之处罚,应由警察机关办理,法院不应单独受理。(民国七年,统字第八八七号)

第十五条 罚金于判定后五日以内完纳,若逾期不肯完纳或无力完纳者,每一元易拘留一日,其不满一元者,亦以一日计算。

依前项之规定易处拘留后,如欲完纳罚金时,得将已拘留之日数扣除计算之。

第十六条 没收之物如下:

(一)供违警所用之物;

(二)因违警所得之物。

没收之物,以违警者以外无有权利者为限。

第十七条 停止营业,其期间为十日以下。

第十八条 勒令歇业,于累犯同一违警行为者,适用之。

第十九条 因违警行为致损坏或灭失物品者,除依法处罚外,并得酌令赔偿。

第二十条 违警者于未发觉以前向公安局、所自首者,得减本罚四分之一或二分之一处罚,或以训诫行之,但本法别有规定者不在此限。

向被害人自首,经公安局、所审讯者亦同。

第二十一条 审查违警者之素行、心术及其他情节,得酌量加重或减经本罚四分之一或二分之一处罚。

第二十二条 依第九条之规定处罚者,拘留不得逾三十日,罚金不得逾三十元。

第二十三条 因罚金之加减致拘留不满一日、罚金不满一角者,得免除之,主罚免除者,不免除没收。

第二十四条 本法所称以下、以上者,俱连本数计算。

第二十五条 受拘留之处罚,于拘留期间过半后确有悔悟实据者,得释放之。

第二十六条 违警之现行犯,巡警人员得不持传票径行传案,但违警者实有重要事务在身,确知其姓名、住址无逃亡之虞者,不在此限。

第二十七条 因违警之嫌疑经公署传讯者,自传票到达之日起,须于三日以内到案,若逾期不到得径行判定,依法处罚。

第二十八条 违警之起诉、告诉、告发期间,自违警行为完毕之日起,以六个月为限。依本法处罚者,自判定之日起,满六个月后尚未执行时,免除之。

第二十九条 时期,以二十四小时为一日,以三十日为一月。

第三十条 时期之初日不计时刻,以一日论,最终之日阅全一日。

第三十一条 拘留者之择放,于期满之次日午前行之。

第二章 妨害安宁之违警罚

第三十二条 有下列各款行为之一者,处十五日以下之拘留或十五元以下之罚金:

(一)未经公署准许制造或贩卖烟火者;

(二)于人烟稠密之处燃放烟火及一切火器者;

(三)发现火药及一切能炸裂之物不告知公安局所者;

(四)未经公署准许携带凶器者;

(五)散布谣言者;

(六)于人家近傍或山林、田野滥行焚火者;

(七)当水火及一切灾变之际,经公署令其防护、救助抗不遵行者;

(八)疏纵疯人、狂犬或一切危验之兽类奔突道路,或入人家宅第及其他建筑物者。

第三章 妨害秩序之违警罚

第三十三条 有下列各款行为之一者,处十五日以下之拘留或十五元以下之罚金:

(一)违背法令、章程营工商之业者;

(二)违背法令、章程开设戏园及各游览处所者;

(三)旅店确知投宿人有刑法上重大犯罪行为,不秘密报告公安局、所者。

(四)旋店确知投宿人将有刑法上重大罪犯之举动,不秘密报告公安局、所,尚未达刑法第一百六十二条之犯罪者。

(解)贩运、贩卖、私藏赌具者,刑律既无论罪明文,自不为罪;若经

警察法令禁止后,应依违警法处罚。(民国十三年,统字第一八九二号)

第三十四条 有下列各款行为之一者,处十日以下之拘留或十元以下之罚金:

（一）婚姻、出生、死亡及迁移,不依法令、章程报告公安局、所者;

（二）建筑物之建筑修缮,不依法令、章程呈请公安局、所准许,擅兴土木,或违背公署所定图样者;

（三）旅店、会馆及其他供人住宿之处所,不将投宿人姓名、年龄、籍贯、住址、职业及来往地方登记者;

（四）群众会合公安局、所有所询问,不据实陈述或令其解散不解散者;

（五）死出非命或发现来历不明之尸体,未经报告公署勘验,私行瘗葬或移置他处者。旅店及其他供人寄宿之处所,六个月以内在同一管辖地方,违背前项第三款至三次以上者,得勒令歇业。

第三十五条 有下列各款行为之一者,处五日以下之拘留或五元以下之罚金:

（一）于私有地界外建设房屋、墙壁、轩槛等类者;

（二）房屋及一切建筑物势将倾圮,由公署督促修理或拆毁而延宕不遵行者;

（三）毁损路旁之植木、路灯或公署物品者;

（四）于学校、博物馆、图书馆及一切展览会场或其他供人居住之处所聚众喧哗,不听禁止者;

（五）于道路或公共处所擅吹警笛者;

（六）于道路或公共处所高声放歌,不听禁止者;

（七）于道路或公共处所酗酒、喧噪或卧者;

（八）于道路或公共处所口角纷争,不听禁止者;

（九）于禁止出入处所擅行出入者;

（十）潜伏无人居住之屋内者;

（十一）深夜无故喧哗者;

(十二)藉端滋扰铺户及其他营业处所者;

(十三)经公署定价之物加价贩卖者;

(十四)凡夫役、佣工、车马等预定佣值赁价,事后强索加给,或虽未预定,事后讹索至惯例最高额以上,或中道刁难者。

违犯前项第十三款、第十四款者,其加价所得之金钱没收之。

六个月以内,在同一管辖地方违犯第一项第十三款、第十四款至二次以上者,得令其停业,三次以上者,得酌量情形勒令歇业。

第三十六条　茶馆、酒肆及其他游览处所之主人或经理人,于公安局、所所定时限外听客逗留者,处十元以下之罚金。

六个月以内,在同一管辖地方违犯前项至二次以上者,得令其停业,三次以上者,得酌量情形勒令歇业。

第三十七条　于公安局、所所定时限外,逗留茶馆、酒肆或其他游戏处所,经警察官吏、馆肆等主人或经理人劝令退去不听者,处五元以下之罚金。

第四章　妨害公务之违警罚

第三十八条　有下列各款行为之一者,处五日以下之拘留或五元以下之罚金:

(一)于公署及其他办公处所喧哗,不听禁止者;

(二)除去或毁损公署或公务员所发布告,尚非有意侮辱者。

第五章　诬告伪证及湮没证据之违警罚

第三十九条　有下列各款行为之一者,处十日以下之拘留或十元以下之罚金:

(一)诬告他人违警或伪为见证者;

(二）因曲庇违警之人，故意湮灭其证据或捏造伪证者；

(三）藏匿违警之人或使之脱逃者。

前项第一款、第二款之违犯，于该案未判定以前自首者，免除其罚，第二款、第三款之违犯者，若系犯人亲属亦同。

第六章　妨害交通之违警罚

第四十条　有下列各款行为之一者，处五日以下之拘留或五元以下之罚金：

(一）妨碍邮件或电报之递送，情节轻微者；

(二）损坏邮务专用物件，情节轻微者；

(三）妨碍电报电话之交通，情节轻微者。

第四十一条　有下列各款行为之一者，处五日以下之拘留或五元以下之罚金：

(一）于私有地界内当通行之处，有沟井及坎穴等不设覆盖及防围者；

(二）于公众聚集之处及弯曲小巷，驰骤车马或争道竞行，不听阻止者；

(三）各种车辆不遵章设置铃号，或违章设置者；

(四）未经公署准许，于路旁、河岸等处开设店棚者；

(五）毁损道路、桥梁之题志，及一切禁止通行或指引道路之标识等类者；

(六）渡船、桥梁等，曾经公署定有一定通行费额，于定数以上私行浮收或故阻通行者。

前项第六款浮收之金钱，没收之。

第四十二条　有下列各款行为之一者，处五元以下之罚金：

(一）于渡船、桥梁等应给通行费之处，不给定价强自通行者；

（二）于路旁罗列商品、玩具及食物等类，不听禁止者；

（三）滥系车、筏，致损坏桥梁、堤防者；

（四）于道路横列车马，或堆积木石薪炭及其他物品，妨碍行人者；

（五）于道路溜饮车马或疏于牵系，妨碍行人者；

（六）并行车马妨碍行人者；

（七）并航水路妨碍通船者；

（八）将冰雪、尘芥、瓦砾、秽物等类，投弃道路者；

（九）于道路游戏，不听禁止者；

（十）受公署之督促，不洒扫道路者；

（十一）车马夜行，不燃灯火者；

（十二）消灭路灯者；

（十三）于谕示禁止通行之处，擅自通行者。

第七章　妨害风俗之违警罚

第四十三条　有下列各款行为之一者，处十五日以下之拘留或十五元以下之罚金：

（一）游荡无赖，行迹不检者；

（二）僧道恶化及江湖流丐强索钱物者；

（三）暗娼卖奸或代为媒合及容留止宿者；

（四）召暗娼止宿者；

（五）唱演淫词淫戏者。

（解）违警罚法第四十三条第二款之江湖流丐，本非绝对不可分，惟该款既以强索钱物为条件，则谓江湖流丐之形容词亦无不可。（民国十年，统字第一六三五号）

第四十四条　有下列各款行为之一者，处十日以下之拘留或十元以下之罚金：

（一）污损祠宇及一切公众营造物，情节尚轻者；

（二）污损他人之墓碑者；

（三）当众骂詈嘲弄人者；

（四）当众以猥亵物加人身体令人难堪者；

（五）于道路叫骂不听禁止者。

前项第三款、第四款之违犯，经被害者告诉乃论。

（判）不在公共场所又非对于不特定之人詈骂，不得谓系当众詈骂嘲弄人。（民国七年，非字第九一号）

（解）法官于法庭指斥律师无法律知识，于法律固无根据，惟按之刑律第三百六十条所称指摘事实，及违警罚法第四十四条第三款所称骂詈嘲弄之条件尚不相符。（民国十一年，统字第一六八三号）

第四十五条　有下列各款行为之一者，处十五日以下之拘留或十五元以下之罚金：

（一）于道路或公共处所为类似赌博之行为者；

（二）于道路或公共处所赤身露体及为放荡之姿势者；

（三）于道路或公共处所为狎亵之言语举动者；

（四）奇服异装有碍风化者。

第八章　妨害卫生之违警罚

第四十六条　有下列各款行为之一者，处十五日以下之拘留或十五元以下之罚金：

（一）未经公署准许售卖含有毒质之药剂者；

（二）于人烟稠密之处开设粪厂者；

（三）于人烟稠密之处，晒晾或煎熬一切发生秽气之物品，不听禁止者；

（四）售卖春药、堕胎药及散布此等告白者；

（五）以符咒邪术医疗疾病者。

六个月以内，于同一管辖地方违犯前项第一款至二次以上者应令停业，三次以上者勒令歇业。违犯第一项第二款者，勒令歇业。

第四十七条 有下列各款行为之一者，处十日以下之拘留或十元以下之罚金：

（一）应加覆盖之饮食物不加覆盖，陈列售卖者；

（二）掺杂有害卫生之物质于饮食物而售卖，藉牟不正之利益者；

（三）售卖非真正之药品，或深夜逢人危急拒绝卖药者。

第四十八条 业经准许悬牌行术之医生或产婆，无故不应招请者，处十元以下之罚金，其应人招请无故迟延者亦同。

第四十九条 有下列各款行为之一者，处五元以下之罚金：

（一）毁损明暗沟渠，或受公署督促不行浚治者；

（二）装置粪土秽物经过街道，不加覆盖或任意停留者；

（三）于商埠繁盛地点任意停泊粪船者；

（四）以秽物或禽兽骸骨投入人家者；

（五）于道路或公共处所便溺者；

（六）污秽供人所饮之净水者。

第九章　妨害他人身体财产之违警罚

第五十条 有下列各款行为之一者，处十五日以下之拘留或十五元以下之罚金：

（一）加暴行于人或污秽人之身体未致伤害者；

（二）以不正之目的施催眠术者。

（解）单纯强剪头发，只能构成违警罪，不能构成伤害罪。（民国三年，统字第一七七号）

（解）以粪灌人之所为,应视有无伤害或私擅逮捕、监禁之情形,分别依刑律各本条及违警罚法处断。(民国八年,统字第一〇二三号))

（解）因虐待行为致人自杀者,无处罚之专条,自无杀人罪可言;惟姑殴其媳,虽未成伤,苟非出于家长惩戒权之必要范围内,仍可按照违警罚法第五十条第一款酌量处罚。(民国九年,统字第一〇九四号)

第五十一条 有下列各款行为之一者,处十日以下之拘留或十元以下之罚金：

（一）解放他人所有牛马及一切动物者；

（二）漏逸或间隔蒸气、电气或煤气,未致生公共危险者；

（三）解放他人所系舟筏,未致漂失者；

（四）强买、强卖物品、书类,迹近要挟者。

第五十二条 有下列各款行为之一者,处五日以下之拘留或五元以下之罚金：

（一）无故强人面会,或追随他人之身旁,经阻止不听者；

（二）无故毁损邸宅题志、店铺招牌及一切合理告白者；

（三）任意于人家墙壁或建筑物张贴纸类,或涂抹画刻者；

（四）在他人地内私掘土块石块,情节轻微者；

（五）采折他人之树木、花卉或菜果者；

（六）践踏他人田园,牵入牛马者。

（解）故纵牛马入他人田园,仍与违警罚法第五十二条相当。(民国十年,统字第一五九七号)

第十章 附　　则

第五十三条 本法自公布日施行。

违警罚法(1943年)

民国三十二年(1943年)九月三日国民政府公布,同年十月一日施行;民国三十五年(1946年)六月十九日修正;民国三十六年(1947年)七月十六日第二次修正

目 录

第一编 总则
  第一章 法例(第1—8条)
  第二章 违警责任(第9—16条)
  第三章 违警罚(第17—25条)
  第四章 违警罚之加减(第26—31条)
  第五章 处罚程序
    第一节 管辖(第32—35条)
    第二节 侦讯(第36—41条)
    第三节 裁决(第42—47条)
    第四节 执行(第48—53条)
第二编 分则
  第一章 妨害安宁之秩序之违警(第54—59条)
  第二章 妨害交通之违警(第60—63条)
  第三章 妨害风俗之违警(第64—67条)
  第四章 妨害卫生之违警(第68—71条)
  第五章 妨害公务之违警(第72—73条)
  第六章 诬告伪证或湮灭证据之违警(第74—75条)
  第七章 妨害他人之身体财产之违警(第76—78条)

第一编 总 则

第一章 法 例

第一条 违警行为之处罚,以行为时之法令有明文规定者为限。

第二条 违警行为后,法令有变更者,适用裁决时之法令。

第三条 在中华民国领域内违警者,不问国籍,均适用本法。

在中华民国领域外之中华民国船舰或航空器内违警者,以在中华民国领域内违警论。

第四条 本法称以上、以下、以内者,连本数计算。

第五条 期间以时计者,即时起算;以日计者,其初日不计时刻,以一日论,最终之日须阅全日;以月计者,从历。

第六条 违警行为逾三个月者,不得告诉、告发,并不得侦讯。

前项期间,自违警成立之日起算;但违警行为有连续或继续之状态者,自行为终了之日起算。

第七条 违警之处罚,自裁决之日起,逾三个月未执行者,免予执行。

第八条 本法总则,于其他法令有处违警罚之规定者,亦适用之。但其他法令有特别规定者,不在此限。

第二章 违警责任

第九条 违警行为,不问出于故意或过失,均应处罚;但出于过失者,得减轻之。

第十条 下列各款之人,其违警行为不罚:

（一）未满十四岁人；

（二）心神丧失人。

未满十四岁人违警者,得责令其法定代理人或其他相当之人加以管束;如无人管束或不能管束时,得送交收养儿童处所施以教育。

心神丧失人违警者,得责令其监护人加以管束;如无人管束或不能管束时,得送交相当处所施以监护或疗养。

第十一条 下列各款之人,其违警行为,得减轻处罚：

（一）十四岁以上未满十八岁人；

（二）满七十岁人；

（三）精神耗弱或喑哑人。

前项第一款之人,于处罚执行完毕后,得责令其法定代理人或其他相当之人加以管束。第一项第三款之人,于处罚执行完毕后,得责令其监护人加以管束,如无人管束或不能管束时,得送交相当处所施以监护或疗养。

第十二条 对于现在不法之侵害,而出于防卫自己或他人权利之行为致违警者,不罚;但其行为过当者,得减轻或免除其处罚。

第十三条 因避免自己或他人之紧急危难,而出于不得已之行为,致违警者,不罚;但其行为过当者,得减轻或免除其处罚。

第十四条 凡为人力或天然力所迫,无力抗拒致违警者,不罚。

第十五条 二人以上共同实施违警行为者,各别处罚。

帮助他人违警者,得减轻处罚。

教唆他人违警者,依其所教唆之行为处罚。

第十六条 违警行为未遂者,不罚。

第三章 违 警 罚

第十七条 违警罚分为主罚及从罚。

第十八条 主罚之种类如下:

(一)拘留,四小时以上七日以下。遇有依法加重时,合计不得逾十四日。

(二)罚锾,一元以上五十元以下。遇有依法加重时,合计不得逾一百元。

(三)罚役,二小时以上八小时以下。遇有依法加重时,合计不得逾十六小时。

(四)申诫,以言词为之。

第十九条 从罚之种类如下:

(一)没入;

(二)勒令歇业;

(三)停止营业。

第二十条 罚锾,应于裁决后三日内完纳,逾期不完纳者,以十元易处拘留一日。未满十元者,以十元计算,或免予计算。

在罚锾应完纳期内,经被罚人请求易处拘留者,得即时执行之。

易处拘留后,如欲完纳罚锾时,应将已拘留之日数扣除计算之。

第二十一条 罚役,于裁决后责令违警人行之。如违抗或怠惰者,得以四小时易处拘留一日,不满四小时者,以四小时计算。

第二十二条 没入,于裁决时并宣告之。没入之物如下:

(一)供违警所用之物;

(二)因违警所得之物。

前项没入之物,除违禁物外,以属于违警人所有者为限。

第二十三条 勒令歇业,得单独宣告之。

第二十四条 停止营业,于裁决时并宣告之,其期间为十日以下。

第二十五条 因违警行为致损坏或灭失物品者,除依法处罚外,并得酌令赔偿。

第四章 违警罚之加减

第二十六条 二以上之违警行为,分别处罚。

一行为而发生二以上之结果者,从一重外罚。其触犯同款之规定者,从重处罚。

依第一项分别处罚拘留或罚役者,其拘留之执行合计不得逾十四日,罚役之执行不得逾十六小时。

第二十七条 经违警处罚后,三个月内在同一管辖区域内再有违警行为者,得加重处罚。

前项违警为第十条或第十一条之被管束人时,得处罚其法定代理人或其他受托管束之人,但以罚锾或申诫为限。

第二十八条 因游荡或懒惰而有违警行为之习惯者,得加重处罚,并得于执行完毕后送交相当处所,施以矫正或令其学习生活技能。

第二十九条 违警人于其行为未被发觉以前自首者,减轻或免除其处罚。

第三十条 违警之情节可悯恕者,得减轻或免除其处罚。

依法令加重或减轻者,仍得依前项之规定减轻其处罚。

第三十一条 违警罚之加减标准如下:

(一)拘留或罚锾之加减,得至本法之二分之一;

(二)因罚之加减,致拘留有不满四小时,罚锾不满一元之零数者,其零数不算入。

(三)因罚之减轻,致拘留不满四小时,罚锾不满一元者,易处申诫或免除之。

第五章 处罚程序

第一节 管 辖

第三十二条 下列各级警察官署,就该管区域内有违警事件管辖权:

(一)警察局及其分局;

(二)未设警察局之地方,由地方政府行使违警处罚权;

(三)区警察所。

在地域辽阔交通不便地方,得由警察分驻所代行违警处罚权。

第三十三条 在中国领域外之中华民国船舰或航空器内违警者,除法律别有规定外,由违警后最初停泊之中华民国地方警察官署管辖。

第三十四条 设有特种警察官署及普通警察官署之地方,关于违警事件,除依法应由特种警察官署处理者外,均由普通警察官署管辖。

第三十五条 违警事件与刑事案件相牵连者,应即移送该管法院,但就刑事案件为不起诉之处分或为免诉不受理或无罪之判决者,其违警部分如未逾三个月,仍得依本法处罚。

军人违警者,由所在地宪兵机关管辖,无宪兵机关时,由普通警察官署管辖。

第二节 侦 讯

第三十六条 警察官署依下列各款原因,知有违警嫌疑人,应即从事侦讯:

(一)经警官长警发现者;

(二)经人民告诉或告发者;

(三) 经违警人自首者。

前项告诉、告发或自首,向警察官署或警官长警为之。

第三十七条 违警事件之侦讯,由有侦讯权之警察官于警察官署内行之,但必要时得于违警地为之。

第三十八条 警察官署传唤违警嫌疑人,应用通知单载明日期时间令其到案,逾时不到案者得径行裁决之。

第三十九条 对于现行违警人,警官长警得径行传唤之,不服传唤者得强制其到案,但确悉其姓名住址无逃亡之虞者,得依前条之规定办理。

第四十条 证人之传唤,准用第三十八条之规定。

证人不得无故拒绝到场,其有正当理由不能到场者,得以书面代替证书。

第四十一条 事实已明,无调查必要之违警事件,得不经侦讯,径行裁决,但其处罚以罚锾或申诫为限。

第三节 裁 决

第四十二条 违警事件于侦讯后即时裁决,作成裁决书,并宣告之。

前项裁决书,应载明下列事项:

(一) 违警人之姓名、年龄、籍贯、性别、住址、职业;

(二) 违警之行为及其时间处所;

(三) 处罚之种类及其时间、数额;

(四) 处罚之简要理由;

(五) 裁决之官署及年、月、日;

(六) 裁决警察官之姓名、印章。

前项规定,于未经侦讯而为之裁决准用之。

第四十三条 违警事件有继续调查必要,不能及时裁决者,得令违警嫌疑人觅取保人,听候裁决;但确知其住址,无逃亡之虞者,免予取保;不知住址而又不能觅取保人者,得暂予留置,但不得逾二十四小时。

第四十四条　裁决书应于宣告后,当场交付违警人。

第四十五条　不经侦讯径行裁决之事件,应将裁决书于二十四小时内送达于违警人。

第四十六条　不服警察官署关于违警事件之裁决者,得于接到裁决书后翌日起五日内,向其上级官署提起诉愿。

前项诉愿未经决定前,原裁决应停止执行。

第四十七条　受理前条诉愿之官署,应于收受诉愿书之翌日起十五日内决定之。

对于前项决定,不得提起再诉愿。

第四节　执　　行

第四十八条　违警处罚,除第二十条第一项前段及第四十六条第二项之规定外,应于交付裁判书后即时执行之。

第四十九条　拘留于裁决后,在拘留所内执行之。

拘留所管理规则,由内政部定之。

第五十条　拘留以时计者,期满释放;以日计者,于期满之翌日午前释放之。

第五十一条　罚锾之执行,应令于罚锾缴纳单内,贴缴同额之违警印纸。

前项罚锾缴纳单之式样及违警印纸规则,由内政部定之。

罚锾、没入之物及赔偿之收入,除法律另有规定外,应分别归入各级政府之公库。

第五十二条　罚役以与公共利益有关之劳役为限,于违警地或必要处所行之,并应注意违警人之身份及体力。

罚役每日不得逾八小时,其逾八小时者,应分日执行。

第五十三条 勒令歇业、停止营业,就营业所在地行之。

第二编 分 则

第一章 妨害安宁秩序之违警

第五十四条 有下列各款行为之一者,处七日以下拘留或五十元以下罚锾:

(一)散布谣言,足以影响公共之安宁者;

(二)于人烟稠密处所,或不遵禁令,燃放烟火或其他火器者;

(三)当水火或其他灾变之际,经官署令其防护救助,抗不遵行者;

(四)于房屋近傍或山林田野,无故焚火者;

(五)疏纵疯人或危险兽虫奔突道路或闯入公私建筑物者;

(六)死于非命或来历不明之尸体,未经报告官署勘验,私行殓葬或移置他处者;

(七)未经官署许可,无故携带凶器者;

(八)无故鸣枪者;

(九)未经官署许可举行赛会,或在公共场所演戏者;

(十)旅店、会馆或其他供众人住宿处所之主人或管理人,确知投宿人有重大犯罪嫌疑,不密报官署者;

(十一)营工商业不遵法令之规定者;

(十二)经官署定价之物品加价贩卖者。

前项第十款至第十二款之违警,并得停止其营业或勒令歇业。

第五十五条 有下列各款行为之一者,处五日以下拘留或三十元以下罚锾：

（一）于禁止摄影、测绘或渔猎之处所，擅自为之不听禁止者；

（二）未经官署许可，制造、运输或贩卖烟火或其他相类似之爆炸物者；

（三）关于制造、运输、贩卖火柴、煤油、煤气或其他有关公共危险物品之营业设备及方法，不遵官署取缔者；

（四）不注意燃料物品之堆置使用，或在燃料物品附近携用或放置易起火警之物，不听禁止者；

（五）发现军械、火药或其他炸裂物，不迅即报告官署者；

（六）未经官署许可，聚众开会或游行，不遵解散命令者；

（七）于影响社会公安之重大犯罪可得预防之际，知情而不举报者；

（八）船只当狂风之际或黑夜行驶，不听禁止，或行迹可疑，不遵检查命令者；

（九）建筑物或其他工作物有倾圮之虞，经官署命为修理或拆毁，延不遵行者。

前项第二款或第三款之违警，并得停止其营业；第六款违警行为之助势者，其处罚得易以申诫。

第一项第七款之将犯罪者如为旅客时，其旅店主得加重处罚。

第五十六条 有下列各款行为之一者，处三日以下拘留或二十元以下罚锾或罚役：

（一）于警察官署合法之检查抗不遵从者；

（二）于不许出入之处所擅行出入者；

（三）隐匿于无人居住之建筑物、矿坑、火车、电车、航空器或其他舟车内者；

（四）于官署指定处所以外，任意张贴广告、标语者；

（五）于发生火警或其他事变之际，停聚围观，不听禁止者；

（六）于学校、博物馆、图书馆、展览会、运动会或其他公共游览聚

会之场所,口角纷争或聚众喧哗,不听禁止者;

(七)于道路或公共场所酗酒喧哗,任意睡卧,怪叫狂歌,不听禁止者;

(八)无故擅吹警笛,或擅发其他警号者;

(九)深夜喧哗,或开放播音机、留声机或其他发音器,妨害公众安息,不听禁止者;

(十)藉端滋扰住户店铺或其他贸易场所者。

(十一)各种车辆不遵警察官署规定时间,深夜擅鸣发音器者;

(十二)车船脚夫或旅店招待等,包围旅客,强行揽载者。

(十三)夫役、佣工、车马、渡船等,于约定佣值赁价后强索增加,或中途刁难,或虽未约定事后故意讹索,超出惯例者;

(十四)于车站轮埠或其他公共场所卖艺,或表演杂耍等类,不遵官署取缔者。

前项第十二款至第十四款之违警,并得停止其营业或勒令歇业。

第五十七条 有下列各款行为之一者,处三十元以下罚锾:

(一)亵渎国旗、国章或国父遗像,尚非故意者;

(二)出生、死亡、婚姻、迁徙或其他人事变动,不依法令向警察官署报告者;

(三)房主或房屋经理人,对于房客之迁入迁出,不依法令报告警察官署者;

(四)旅店、会馆或其他供众人住宿之处所,不将投宿人姓名、年龄、籍贯、住址、职业及来往地址登记者;

(五)兴修建筑,不依法令呈请官署核准,或违背官署所定标准,擅自动工者;

(六)毁损路灯、道旁树木或其他为公众设备之物品,尚非故意者。

第五十八条 有下列各款行为之一者,处二十元以下罚锾或申诫:

(一)升降国旗,经指示而不静立致敬者;

(二)闻唱国歌,经指示而不起立致敬者;

(三)于公共场所瞻仰国父遗像,经指示而不起立致敬者;

(四)于公共场所瞻对中华民国元首,或最高统帅或其肖像,经指示而不起立致敬者;

(五)国旗之制造或悬挂不遵定式者;

(六)于车站轮埠或其他公共场所争先拥挤,不听禁止者;

(七)车马行人不按右侧前进,不听禁止者;

(八)人力车、自行车乘坐二人,不听禁止者;

(九)于火烛门户漫不当心,经指示而不听者。

第五十九条 于警察官署所定时限外,逗留茶馆、酒肆、浴室或其他娱乐、游览等处所,经警官长警或各该处所管理人等劝令退去不听者,处二十元以下罚锾或申诫。

前项管理人于警察官署所定时限外听客逗留者,处三十元以下罚锾,并得停止其营业。

第二章 妨害交通之违警

第六十条 有下列各款行为之一者,处七日以下拘留或五十元以下罚锾:

(一)妨害铁路、航空或其他陆上水上之交通,尚未构成犯罪者;

(二)妨害邮件、电报、电话或其他电信之交通,尚未构成犯罪者。

第六十一条 有下列各款行为之一者,处五日以下拘留或三十元以下罚锾:

(一)于公众聚集之处或弯曲小巷,驰骤马车争道竞行,不听禁止者;

(二)各种车船不遵章设置音号标记,或设置不合规定者;

（三）各种车船行驶速率超过规定者；

（四）各种车船载重超过数量，或载物超出车身船身一定之限制，不听禁止者；

（五）渡船、桥梁经官署定有通行费额，私擅浮收或藉故阻碍通行者；

（六）婚丧仪仗不依规定，或未将经过路线报告警察官署，致碍公众通行者。

第六十二条　有下列各款行为之一者，处三日以下拘留或二十元以下罚锾或罚役：

（一）不遵禁令，于路旁河岸等处开设店棚，或设置有碍交通之物者；

（二）于自己经管地界内，当通行之处，有沟井坎穴等，不设覆盖或防围者；

（三）车马夜行，不燃灯火者；

（四）熄灭路灯，致妨害通行者；

（五）于禁止通行之处擅自通行，不听禁止者；

（六）将冰雪、瓦砾、秽物或其他废弃杂物投掷道路或码头者；

（七）私有阴沟污水溢积道路，不加疏浚者。

第六十三条　有下列各款行为之一者，处二十元以下罚锾或罚役或申诫：

（一）任意设置或张挂招牌、彩坊或广告等，不听禁止者；

（二）于道旁罗列商品、食物或其他杂物，不听禁止者；

（三）于道路横列车马或堆积木石、薪炭或其他物品，或于河流弃置废旧船只等，妨碍通行者；

（四）于道路溜饮牲畜，或疏于牵系，妨碍通行者；

（五）并驶车马船筏，或任意停留，妨碍通行者；

（六）疏纵幼童嬉游道上，不听禁止者。

第三章 妨害风俗之违警

第六十四条 有下列各款行为之一者,处七日以下拘留或五十元以下罚锾或罚役:

(一)游荡无赖或行迹不检者;

(二)僧道或江湖流丐强索财物者;

(三)意图得利,与人奸宿或代为媒合,或容留止宿者;

(四)奸宿暗娼者;

(五)唱演淫词秽剧,或其他禁演之技艺者;

(六)表演技艺,其方法不合人道,或其他足以引起观众不快之感者;

(七)于道路、公共场所或公众得出入之场所,为类似赌博之行为者;

(八)于非公共场所或非公众得出入之场所,赌博财物者。

前项第三款代为媒合或容留止宿者为旅店时,并得停止其营业;戏院、书场、舞台而有前项第五款情形者,并得停止其营业或勒令歇业。

第六十五条 有下列各款行为之一者,处五日以下拘留或三十元以下罚锾:

(一)污损祠宇、墓碑或公众纪念之处所或设置,尚未构成犯罪者;

(二)以猥亵之言语或举动,调戏异性者;

(三)媒合或容留他人,为猥亵之行为者;

(四)于道路、公共场所或公众得出入之场所,叫骂不休,不听禁止者;

(五)于道路、公共场所或公众得出入之场所,任意裸体或为放荡之姿势者。

第六十六条　有下列各款行为之一者，处三日以下拘留或二十元以下罚锾或罚役：

（一）奇装异服，有碍风化者；

（二）妖言惑众，或散布此类文字、图画或物品者；

（三）制造或贩卖有关迷信之物品，不遵官署取缔者；

（四）于通衢叫化，或故装残废行乞，不听禁止者；

（五）贩卖或陈列查禁之书报者；

（六）虐待动物，不听劝阻者。

第六十七条　有下列各款行为之一者，处二十元以下罚锾或申诫：

（一）于公共建筑物或其他游览处所，任意贴涂画刻，有碍观瞻者；

（二）于公园或其他游览处所，攀折花果草木者。

第四章　妨害卫生之违警

第六十八条　有下列各款行为之一者，处七日以下拘留或五十元以下罚锾：

（一）未经官署许可，或不按规定之限制，售卖含有毒质之药剂者；

（二）于未经官署许可之处，设置粪厂者；

（三）于人烟稠密之处，晒晾、堆置或煎熬一切发生秽气之物品，不听禁止者；

（四）售卖春药，或散布登载其广告者；

（五）以邪术或其他不正当方法，医治病伤者；

（六）出售药品之店铺，于深夜逢人危急，拒绝卖药者。

前项第一款或第六款之违警,并得停止其营业;第二款之违警,并得勒令其歇业。

第六十九条 有下列各款行为之一者,处五日以下拘留或三十元以下罚锾:

(一)应加覆盖之饮食物,不加覆盖,陈列售卖者;

(二)有关公共卫生之营业,其设备或方法不遵官署之规定者;

(三)售卖非真正之药品者;

(四)开业之医师、助产士,无故不应招请,或应招请而无故迟延者;

(五)任意排泄污水,妨害公共卫生者;

(六)无故停尸不殓,或停厝不葬,不遵官署取缔者。

前项第一款至第四款之违警,并得停止其营业或勒令歇业;第五款之违警为工厂、作坊、澡堂者,亦同。

第七十条 有下列各款行为之一者,处三日以下拘留或二十元以下罚锾或罚役:

(一)污秽供人所饮之净水者;

(二)毁损或壅塞明暗沟渠,或经官署督促,不行疏浚修治者;

(三)装载粪土秽物经过街道,不加覆盖,或任意停留,或不遵守官署所定之时间者;

(四)于工商繁盛地点,任意停泊粪船者;

(五)于道旁或公共场所,任意设置粪坑、粪缸、畜舍,不遵官署之取缔者;

(六)垃圾秽物不投入一定容器处所,或滥泼污水者;

(七)任意弃置牲畜尸体不加掩埋者。

第七十一条 有下列各款行为之一者,处二十元以下罚锾或申诫:

(一)于公共场所或公众得出入之场所或公共乘坐之车船航空器内,任意吐痰,不听禁止者;

（二）跨街晒晾衣被或其他物品，不听禁止者；

（三）于道路或公共处所，任意便溺者。

第五章 妨害公务之违警

第七十二条 有下列各款行为之一者，处七日以下拘留或五十元以下罚锾：

（一）于公务员依法执行职务时，聚众喧哗，致碍公务进行者；

（二）于公务员依法执行职务时，以不当之言论、行动相加，尚未达强暴胁迫或侮辱之程度者；

（三）对于官署张贴之文告加以损坏污秽或除去，尚非意图侮辱者；

第七十三条 于官署或其他办公处所任意喧哗，不听禁止者，处二十元以下罚锾或申诫。

第六章 诬告伪证或湮灭证据之违警

第七十四条 向警察官署诬告他人违警者，处七日以下拘留或五十元以下罚锾。

第七十五条 有下列各款行为之一者，处五日以下拘留或三十元以下罚锾：

（一）关于他人违警，向警察官署为虚伪之证言或通译者；

（二）藏匿违警人或使之隐避者；

（三）因曲庇违警人，伪造、变造、湮灭或隐匿其证据者。

因图利配偶、五亲等内之血亲或三亲等内之姻亲，而为前项各款行为之一者，处以申诫，或免除其处罚。

第七章 妨害他人身体财产之违警

第七十六条 有下列各款行为之一者,处七日以下拘留或五十元以下罚锾:

(一)加暴行于人或互相斗殴,未致伤害者;

(二)无正当目的而施催眠术者;

(三)对于未满十四岁之男女,使服过分之劳动者。

第七十七条 有下列各款行为之一者,处五日以下拘留或三十元以下罚锾:

(一)无故强人会面,或跟追他人,经阻止不听者;

(二)污湿人之身体或其衣着者;

(三)拾得遗失物,不送交警察官署或自治机关,或不揭示招领者;

(四)解放他人之动物、船筏或其他物品,未致散失者;

(五)擅自采折他人竹木、菜果、花卉,尚未构成犯罪者;

(六)强买、强卖物品,迹近要挟者。

第七十八条 有下列各款行为之一者,处三日以下拘留或二十元以下罚锾:

(一)无故毁损他人之住宅题志、店铺招牌,或其他正当之告白或标识者。

(二)于他人之车船、房屋或其他建筑物,任意张贴或涂抹画刻者。

(三)于他人地界内擅自挖掘土石或戽水,不听禁阻者;

(四)于他人之山荡内,擅自采薪、钓鱼、牲畜,不听禁阻者;

(五)践踏他人之田园或纵入牲畜者。

外国编

德国

导 读

《德国违反秩序法》即一般行政处罚法。现行版本颁布于1968年,是当时一系列去刑罚化的改革产物。该法适用于尚不构成犯罪的违反秩序行为,依循构成要件该当性、违法性、可责难性三阶层递进判断。

《德国违反秩序法》涵盖实体和程序两部分,将罚款列为唯一处罚方式,物的没收、收益没收、禁止驾驶等则作为附随法律效果对待。在实体上,该法确立了法无明文规定不处罚原则,对不作为违法、未遂行为、参与行为、违法竞合等作出了具体规定;在程序上,该法确立了便宜主义、全面调查原则,围绕罚款构建了先行程序、中间程序、法庭程序,明确了行政机关、检察机关和法院之间的任务分工,在行刑衔接方面有着相当细致的机制设计。该法还关涉了个别违反秩序行为,形成了总分立法结构。

德国违反秩序法①

(1968 年 5 月 24 日公布,吸收了 2019 年 12 月 9 日以前的修改)

查云飞 译②

目 录

第一章 一般规定

第一节 效力范围(第 1—7 条)

第二节 处罚依据(第 8—16 条)

第三节 罚款(第 17—18 条)

第四节 违法竞合(第 19—21 条)

第五节 没收(第 22—29 条)

第六节 行为收益的没收、对法人和人合组织的罚款处罚(第 29a—30 条)

第七节 时效(第 31—34 条)

第二章 罚款程序

第一节 追究与处罚违反秩序行为的管辖(第 35—45 条)

第二节 一般程序规定(第 46—52 条)

---

① 现行《德国违反秩序法》于 1968 年 5 月 24 日颁布,公布于《联邦法律公报》第一部分,第 602 页;最近一次修改于 2019 年 12 月 9 日,公布于《联邦法律公报》第一部分,第 2146 页。

本译文参考了我国台湾地区吴绮云博士翻译的《德国违反秩序法》。关于《德国刑事诉讼法典》,参见《德国刑事诉讼法典》,岳礼玲、林静译,中国检察出版社 2016 年版。

② 查云飞,男,1986 年生,德国明斯特大学法学博士,浙江大学光华法学院讲师。

第三节　先行程序(第53—64条)

第四节　罚款处罚决定(第65—66条)

第五节　提出异议和法院的程序(第67—80a条)

第六节　罚款处罚与刑事处罚程序(第81—83条)

第七节　确定力与再审(第84—86条)

第八节　附随法律后果命令或者对法人或人合组织处以罚款的程序(第87—88条)

第九节　罚款处罚裁判的执行(第89—104条)

第十节　费用(第105—109a条)

第十一节　追究措施的赔偿(第110条)

第十二节　程序中的卷宗处理及联络(第110a—110c条)

第三章　个别违反秩序的行为

第一节　违反国家命令(第111—115条)

第二节　违反公共秩序(第116—123条)

第三节　滥用国家标志或者受国家保护的标志(第124—129条)

第四节　违反营业和企业的监管义务(第130条)

第五节　共同规定(第131条)

第四章　结尾条款(第132—135条)

第一章 一般规定

第一节 效力范围

第1条 定义

1. 违反秩序行为,是违法的、可责难的、符合处以罚款处罚构成要件的行为。

2. 可能处以罚款的行为,是本条第1款所称符合法律构成要件的行为,并不以可责难为限。

第2条 适用对象

本法适用于联邦法律和州法律规定的违反秩序行为。

第3条 法无明文规定不处罚

存在相应的法律规定时,才能对违反秩序行为加以处罚。

第4条 时间效力

1. 罚款决定的依据,须为被处罚行为作出时的有效法律。

2. 罚款决定的依据于被处罚行为期间被修改的,适用该行为结束后的有效法律。

3. 罚款决定的依据在被处罚行为终了后、作出处罚决定前被修改的,适用处罚较轻的法律。

4. 若一项法律仅在特定时期内有效,在此时期内发生的行为适用该法律,适用时已失效亦然,法律另有规定的除外。

5. 违反秩序的附随法律后果,在时间效力方面准用本条第1款至第4款规定。

第5条 空间效力

除法律另有规定外,被处罚的违反秩序行为仅限于在本法的空间适用效力范围内;对有权悬挂德意志联邦共和国国旗或国徽的船只或航空器内发生的行为,本法亦适用。

第 6 条　行为作出的时间

行为作出的时间是行为人已着手实施的时间,不作为情形下是行为人本应实施行为的时间。至于何时发生结果,不具有决定性。

第 7 条　行为作出的地点

1. 行为作出的地点是行为人着手实施行为的所在地,不作为情形下是行为人本应实施行为的地点,或作为构成要件的结果出现的地点,或依行为人想象结果应出现的地点。

2. 参与人的行为地点,也是法律规定的应受处罚行为满足构成要件的地点,或依参与人想象满足构成要件的地点。

第二节　处罚依据

第 8 条　不作为违法

对满足处罚构成要件的结果发生负有责任,却不予以防止,其不作为相当于以积极作为满足构成要件的,属于不作为违法。

第 9 条　为他人作出的行为

1. 以下列身份作出的行为,依某项法律可能因特殊的个人特质、关系或情况(特殊的个人特征)受到处罚,虽代表人不具有被代表人的特征,该法律亦可适用于代表人:

(1) 法人有代表权的机构或此类机构的成员;

(2) 具有权利能力的人合团体;

(3) 他人的法定代表人。

2. 受营业所有人或其他有权限的人的委托,完全或部分地领导该企业事务,或受明确委托完成营业所有人的职责并单独承担责任,被委托人为履行委托所作出的行为若依某项法律可能因特殊的个人特征受到处罚,虽被委托人不具有但营业所有人具有规定的特征,该法律亦可适用于被委托人。企业相当于第 1 句规定的营业所有人。

受相应委托执行公共行政任务作出的行为,根据其含义适用第1句的规定。

3. 即使作为代表权限或委托关系依据的法律行为无效,本条第1款和第2款的规定亦适用。

第10条 故意与过失行为

除法律明确规定对过失行为处罚外,因违反秩序被处罚的行为仅以故意为限。

第11条 错误

1. 行为人实施行为时对法律的构成要件并无认识的,不属于故意行为。因过失行为而受到处罚的可能性不受影响。

2. 行为人实施行为时并不知该行为被禁止,特别是对法律规定的存在或适用并无认识,该错误对行为人而言不可避免的,该行为不可责难。

第12条 有责性

1. 行为人实施行为时未满十四周岁的,该行为不可责难。青少年的行为仅于《青少年法院法》第3条第1句情形可责难。

2. 行为人实施行为时有疾病引发的精神障碍、重度意识障碍、智力低下或其他严重精神病态情况,导致其无法认识该行为不被允许或依此认识作出行为的,该行为不可责难。

第13条 未遂行为

1. 行为人按其对实现构成要件行为的想象直接着手实施的违反秩序行为,是未遂行为。

2. 未遂行为仅在法律明文规定的情况下受处罚。

3. 行为人自愿放弃实施进一步行为或者防止既遂的,不受处罚。未遂非防止行为所致,但行为人自愿且认真努力阻止行为既遂的,亦不受处罚。

4. 多人参与行为时,自愿防止既遂的,不受处罚。未遂非防止行为所致或与其先前的参与无关的,但行为人自愿且认真努力阻止行为既遂的,亦不受处罚。

第 14 条　参与行为

1. 多人参与一项违反秩序行为的,认定每个参与人都实施了违反秩序行为。仅一个参与人因本法第 9 条第 1 款规定的特殊个人特征可能受到处罚时亦适用。

2. 参与行为仅于下列情况受处罚:法律规定处以罚款行为的违法构成要件具备,或在未遂行为可能受处罚的情形中,参与人至少实施了未遂行为。

3. 参与人之一的行为不可责难的,并不能因此排除其他人受处罚的可能。依据法律因特殊个人特征排除受处罚可能的,仅适用于参与人中具备该特征者。

4. 法律规定一项行为属违反秩序行为,但因行为人的特殊个人特征属于犯罪行为的,仅适用于参与人中具备该特征者。

第 15 条　正当防卫

1. 基于正当防卫实施的行为不属于违法行为。

2. 正当防卫,是指为阻止正在对自己或他人实施的不法侵害而作出的必要行为。

3. 行为人出于慌乱、恐惧或惊吓,作出超越正当防卫界限行为的,该行为不受处罚。

第 16 条　紧急避险

为制止正在发生的、无法通过其他方法制止的威胁自己或他人生命、身体、自由、名誉、财产或其他权益的危险而作出的行为,若相冲突的法益,即所涉及的权益和遭受危险的程度相较,被保护利益的重要程度明显超出因避险行为而损害的利益,该行为不属违法行为。本规定仅限于避险行为手段适当时适用。

第三节 罚 款

第 17 条 罚款数额

1. 罚款数额最低为 5 欧元,除法律另有规定外,最高数额为 1000 欧元。

2. 法律规定对故意和过失行为处以罚款,但未区分最高额度的,过失行为最多只能处以该规定中最高罚款的二分之一。

3. 决定罚款数额的裁量依据是违反秩序行为的严重性和行为人的可责难性。同时还要考虑行为人的经济状况,但于轻微违反秩序行为的情形通常不予考虑。

4. 罚款数额须高于行为人通过违法行为所获得的经济利益。法律规定的最高限额未超过违法所得的,罚款可以超越最高限额。

第 18 条 罚款缴纳的减轻

以相对人的经济状况全额缴纳罚款实无可能的,可准许其在一定期限内缴纳,或准许其采取分期方式缴纳。同时可规定,相对人未及时缴纳一期部分金额的,取消其分期缴纳罚款的优待。

第四节 违法竞合

第 19 条 行为单数

1. 同一行为违反多部法律,可能因违反秩序被处罚的,或数次违反同一部法律的,只能处以一次罚款。

2. 同一行为违反多部法律,罚款数额依照其中处以最高罚款的法律确定。其他法律规定附随法律后果的,可以依其作出决定。

第 20 条 行为复数

多项罚款处罚要件具备的,每项单独进行确定。

第 21 条 犯罪行为与违反秩序行为竞合

1. 同一行为既是犯罪行为又是违反秩序行为的,只能适用刑法进行处罚。其他法律规定了附随法律后果的,可以依其作出决定。

2. 于本条第1款情形,该行为未被判处刑事处罚的,以违反秩序行为处罚。

第五节 没 收

第22条 没收

1. 作为违反秩序的附随法律后果,物的没收仅在法律明文规定时允许实施。

2. 没收仅于下列情形得以实施:

(1) 该物在没收决定作出时为行为人所有或其有权获得;

(2) 该物因自身性质或情况会给公众带来危险,或该物存在用以实施犯罪行为或违反秩序行为的危险。

3. 于本条第2款第2项情形,即使行为人不受责难,也允许没收该物。

第23条 没收条件的扩大

法律可援引本条款规定,于下列情形,在决定作出时对行为人有所有权或有权获得的物,不同于第22条第2款第1项的规定予以没收:

(1) 行为人至少出于过失以该物或该权利作为行为的手段、客体或准备;

(2) 明知该物会被没收,仍以可责难的方式获取了该物。

第24条 比例原则

1. 于第22条第2款第1项和第23条情形,若其与违法行为的严重性和被没收人可责难的程度或第23条中第三人可责难的程度相较不成比例,则不得没收。

2. 于第22条和第23条情形,若没收所达目的通过采取影响较小的措施也能实现,则可以决定保留没收措施而采取影响较小的措施。

特别是下列决定可以考虑：

（1）使该物品无法使用；

（2）去除该物品的特定装置或标识或作其他改变；

（3）使用特定方法利用该物。

3. 若上述决定得以遵从，保留没收决定即可撤回；或嗣后亦可作出没收决定。

4. 没收可以限于物的一部分。

第25条 替代价值没收

1. 行为人行为时所有或有权获得的物可能被没收，但没收决定作出前该物已被使用的，特别是已被变卖或消费，或因行为人的其他原因导致没收无法实现的，可以没收最高与该物价值相等的金钱。

2. 没收决定作出前行为人已于该物上以第三人权利设定负担，而该负担非赔偿不得消灭的，或依据本法第26条第2款和第28条不得没收的，替代价值没收也可以在决定没收的同时作出或代替没收；替代价值没收在决定没收的同时作出的，替代价值金额依该物所负担的价值确定。

3. 物的价值及其负担价值可估定。

4. 决定作出后出现了本条第1款或第2款规定的条件之一或这一情况被获知，没收决定因而不能实施或不能充分实施的，替代价值没收决定可嗣后作出。

5. 罚款缴纳的减轻，适用本法第18条的规定。

第26条 没收的效力

1. 没收后，物的所有权或被没收的权利在没收决定确定时转移给国家，或根据相关法律转移给作出没收决定的机关或部门所属的公法团体或公营造物。

2. 物上第三人的权利继续存在。若没收决定是基于本法第22条第2款第2项的条件作出的，则因决定消灭该权利。该权利的消灭依据本法第28条第2款第1项或第2项可对第三人不予赔偿的，则亦因决定消灭第三人权利。

3. 没收决定确定之前具有《民法典》第 136 条规定的禁止让与效力;这一禁止还包括让与之外的处分。没收保留决定在未具确定力之前具有相同的效力。

第 27 条　单独决定

1. 若基于事实上的理由,违反秩序行为无法对特定人追诉或无法对特定人确定罚款处罚,但物的没收决定或替代价值没收决定实施的其他条件具备的,可以作出相应的单独决定。

2. 本条第 1 款在本法第 22 条第 2 款第 2 项或第 3 款规定的条件下,于下列情形亦可适用:

(1) 违反秩序行为的追诉时效已届满;

(2) 出于其他法律原因无法对特定人予以追诉且法律没有另外规定的。

欠缺申请或授权时不得作出没收决定。

3. 依据本法第 47 条,追诉机关对违反秩序行为未追诉或法院终止程序的,亦可适用本条第 1 款。

第 28 条　补偿

1. 没收决定确定时,若第三人对该物有所有权或被没收的权利属于第三人,或没收物上设定有第三人权利负担,第三人权利因没收决定而被消灭或受损害的,应参照市场价格给予第三人适当的金钱补偿。没收物的所有权或被没收的权利转移给国家或公法团体或公营造物,补偿义务由国家或该公法团体或公营造物承担。

2. 下列情形不予补偿:

(1) 没收的物或相关权利作为违法行为的手段或准备,第三人对此至少具有过失;

(2) 第三人知晓该物或该权利被没收的情况,仍以可责难的方式获得了该物或物上的权利;

(3) 基于本法以外的法律规定作出没收,根据该法律规定允许持续收走该物而对第三人不予补偿。

3. 于本条第 2 款情形,不予补偿将导致严重不公的,可以给予补偿。

第 29 条　对机关和代表人的特别规定

1. 下列行为人的行为,符合本法第 22 条至第 25 条和第 28 条规定的没收或替代价值没收的其他条件或符合不予补偿条件的,其行为适用上述规定时归于被代表人:

(1) 法人有代表权的机构或该机构的成员;

(2) 无权利能力社团的董事会或该董事会的成员;

(3) 有权利能力合伙组织的有代表权的合伙人;

(4) 概括代理人或具领导地位的经理人或法人的行为代理人,或本款第 2 项或第 3 项所称人合组织的行为代理人;

(5) 为法人或为本款第 2 项或第 3 项所称人合组织的营业或企业负责的领导人,还包括以领导地位对企业进行管理或其他以领导地位行使监督职权的人。

2. 本法第 9 条第 2 款亦相应适用。

第六节　行为收益的没收、对法人和人合组织的罚款处罚

第 29a 条　行为收益的没收

1. 行为人通过可能处以罚款的行为或违反秩序行为获益,且行为人未被处以罚款处罚的,可决定没收其最高与获益价值相应的金钱。

2. 本条第 1 款所称金钱的没收决定,可针对非行为人即符合下列条件的其他人作出:

(1) 通过行为人为其作出的违法行为而获益的;

(2) 该收益

a) 无偿或无法律原因地转移给了该其他人,或

b) 转移给了该其他人且其认识到或应该认识到该收益是因可能处以罚款的行为而获得的；

（3）该收益

a) 作为遗产转移给了该其他人，或

b) 转移给了作为特留份权利人或作为受遗赠人的其他人。

若该收益此前已有偿且基于法律原因转移给了第三人，该第三人对收益因违法行为获得这一情况不知晓或无从知晓的，本款第1句第2项和第3项不予适用。

3. 确定收益价值时须扣除行为人或其他人的支出。但为实施违法行为或作准备而产生的支出或投入不予考虑。

4. 收益的范围和价值以及被扣除的支出可估定。本法第18条亦相应适用。

5. 针对行为人的罚款处罚程序未进行或被终止的，行为收益的没收决定可单独作出。

第30条　对法人和人合组织的罚款处罚

1. 下列行为人实施了犯罪或违反秩序行为，导致法人或人合组织违反义务，或者法人或人合组织因此获利或应会获利的，可以对该法人或人合组织作出罚款处罚：

（1）法人有代表权的机构或该机构的成员；

（2）无权利能力社团的董事会或该董事会的成员；

（3）有权利能力合伙组织的有代表权的合伙人；

（4）概括代理人或有领导地位的经理人或法人的行为代理人，或本款第2项或第3项所称人合组织的行为代理人；

（5）为法人或为本款第2项或第3项所称人合组织的营业或企业负责的领导人，所称领导还包括以领导地位对企业进行管理或其他以领导地位行使监督职权的人。

2. 罚款数额

（1）于故意犯罪的情形，最高为1000万欧元；

(2) 于过失犯罪的情形,最高为 500 万欧元。

罚款数额的上限,依违反秩序行为中可处罚款的最高限额确定。法律规定适用本条的,针对该法律所规定的行为,可处最高十倍于本款第 2 句规定数额的罚款。一行为同时为犯罪和违反秩序行为,因违反秩序被处罚款的最高数额高于本款第 1 句所规定数额的,仍可适用第 2 句的规定。

2a. 在因分立(《企业重组法》第 123 条第 1 款)而全部继受或部分继受的情况下,可以针对继受法人或组织作出本条第 1 款和第 2 款规定的罚款处罚。于此情形,罚款数额不得高于继受财产的价值,亦不得超过对分立前的法人或组织处以的罚款金额。继受法人或组织将在继受时,替代分立前的法人或组织进入罚金程序。

3. 本法第 17 条第 4 款和第 18 条亦相应适用。

4. 对犯罪行为或违反秩序行为的刑事处罚或罚款处罚程序未开启或被终止或不予刑事处罚的,可以单独作出罚款处罚。法律可以对其他可进行单独罚款的情形进行规定。但若犯罪行为或违反秩序行为基于法律原因无法追诉的,不得对法人或人合组织进行单独罚款处罚;本法第 33 条第 1 款第 2 句的规定不受影响。

5. 对法人或人合组织进行罚款处罚,不得依据《刑法典》第 73 条或第 73c 条或本法第 29a 条对同一行为实施没收。

6. 作出罚款处罚决定时,为确保执行,依据《刑事诉讼法》第 111e 条第 2 款所作的判决将被罚金决定替代。

第七节 时　　效

第 31 条　追诉时效

1. 追诉时效届满,不得再追诉违反秩序行为和决定附随法律后果。本法第 27 条第 2 款第 1 句第 1 项不受影响。

2. 法律无另行规定的,违反秩序行为的追诉时效如下:

(1) 最高处以 15000 欧元以上罚款的,为三年;

(2) 处以 2500 欧元以上至 15000 欧元罚款的,为二年;

(3) 处以 1000 欧元以上至 2500 欧元罚款的,为一年;

(4) 其他,为六个月。

3. 追诉时效自行为终了时起算。构成要件的结果嗣后发生的,追诉时效自此时间点起算。

第32条 追诉时效的停止

1. 根据法律,追诉不能开始或无法继续的,追诉时效即停止计算。违法行为仅因欠缺申请或授权而不能追诉的,不适用前句规定。

2. 追诉时效期限届满之前作出一审判决或作出本法第72条的裁定的,追诉时效于该程序确定结束前不罹于届满。

第33条 追诉时效的中断

1. 下列情形,追诉时效中断:

(1) 第一次讯问相关人,告知相关人已对其开启了调查程序,也包括决定讯问或告知讯问时;

(2) 每一次法官审问相关人或证人或决定审问时;

(3) 事前已讯问过相关人或已告知其调查程序开启的,则为每一次追诉机关或法官委托鉴定时;

(4) 每一次追诉机关或法官的扣押或搜查决定以及法院维持该决定的裁定时;

(5) 追诉机关或法官因相关人缺席而暂时停止程序,以及每一次追诉机关或法官决定在此类暂时停止程序后调查相关人的居住地或保全证据时;

(6) 每一次追诉机关或法官要求在国外进行调查时;

(7) 调查结束前追诉机关依照法律规定听取其他机关的意见时;

(8) 依据本法第43条,检察机关向行政机关移送案件时;

(9) 作出罚款处罚决定时,若在二周之内送达以决定作出的时间为准,其他情况下以具体送达时间为准;

(10) 依据本法第 69 条第 3 款第 1 句和第 5 款第 2 句,地区法院接收卷宗时,以及依据本法第 69 条第 5 款第 1 句,地区法院将案件发回行政机关时;

(11) 每一次确定主审日期时;

(12) 对不经主审而作出裁判可能性的告知时(本法第 72 条第 1 款第 2 句);

(13) 提起公诉时;

(14) 开启主审程序时;

(15) 作出刑事处罚决定或其他相当于判决的决定时。

因附随法律后果的决定或针对法人或人合组织罚款的确定而进行的单独程序,其时效因实施与本款第 1 句规定的相应行为而中断。

2. 书面作出决定或裁判情况下,时效于决定或裁判签署时中断。该文件签署后未立刻进入办理流程的,以其实际进入办理流程时为准。

3. 每一次中断时效都重新起算。追诉时效,最迟于自本法第 31 条第 3 款所指时间点起二倍于法定时效期的时间经过后届满,但最少须满二年。若法院的诉讼程序中,行为人既构成犯罪又构成违反秩序的,本款第 2 句所指法定时效以刑事处罚追诉时效为准。本法第 32 条不受影响。

4. 时效的中断效力仅及于中断行为所涉及之人。于本条第 1 款第 1 句第 1 项至第 7 项、第 11 项和第 13 项至第 15 项情形,该中断行为属于对犯罪行为进行追诉的,时效亦中断。

第 34 条 执行时效

1. 一项确定的罚款处罚在时效届满后不得再执行。

2. 时效期间如下:

(1) 1000 欧元以上的罚款处罚,为五年;

(2) 1000 欧元以下的罚款处罚,为三年。

3. 时效自裁判确定时起算。

4. 时效于下列情况停止计算:

(1) 根据法律规定,执行不能开始或不能继续进行;

(2) 执行中止;

(3) 准许减轻罚款缴纳。

5. 本条第 1 款至第 4 款相应适用于产生金钱缴纳义务的附随法律后果。某一该类附随法律后果在罚款处罚决定之外作出的,一个法律后果的执行时效不得早于另一个法律后果的执行时效届满。

第二章 罚 款 程 序

第一节 追诉和处罚违反秩序行为的管辖

第 35 条 行政机关的追诉和处罚

1. 除本法规定由检察机关或个别追诉行为由法官代替进行的以外,对违反秩序行为的追诉由行政机关管辖。

2. 除本法规定由法院进行追诉的以外,对违反秩序行为的处罚也由行政机关管辖。

第 36 条 事务管辖

1. 以下机关有事务管辖权:

(1) 法律规定的行政机关;

(2) 没有此类规定时,

a) 有专业管辖权的州最高行政机关;

b) 相关法律由联邦机关实施的,有专业管辖权的联邦各部。

2. 州政府可以通过法规命令将本条第 1 款第 2 项第 2 小项规定的管辖权转移给其他机关或单位。州政府可以将此授权转移给州最高行政机关。

3. 本条第 1 款第 2 项第 2 小项规定的联邦各部,可以通过无须经参议院同意的法规命令,将管辖权转移给其他行政机关或单位。

第 37 条　行政机关的地域管辖

1. 下列辖区的行政机关有地域管辖权：

（1）违反秩序行为的实施地或被发现地；

（2）相对人在罚款处罚程序开始时的居住地。

2. 罚款处罚程序开始后，相对人居住地发生变动的，新居住地所属辖区的行政机关也有地域管辖权。

3. 相对人在本法空间效力范围内没有住所的，以其经常居住地确定管辖权。

4. 违反秩序行为实施于本法空间效力范围外但于有权悬挂联邦国旗的船只内的，该船只的船籍港或在违法行为发生后首次到达本法空间效力范围内的港口所属辖区的行政机关有地域管辖权。本款第 1 句亦适用于有权悬挂德意志联邦共和国国家标志的航空器。

第 38 条　相互牵连的违反秩序行为

相互牵连的多个违反秩序行为，其中单个行为依据本法第 37 条由不同行政机关管辖的，任一行政机关都有管辖权。行为人因多个违反秩序行为被指控或因同一行为多人被指控的，违反秩序行为之间存在相互牵连关系。

第 39 条　管辖权竞合

1. 依据本法第 36 条至第 38 条，多个行政机关都有管辖权的，最先对相关人进行讯问、最先让警察机关对其进行讯问或在讯问后最先得到警察机关移交卷宗的行政机关优先管辖。于本法第 38 条情形，该行政机关可以将程序根据相互牵连的行为再进行分离。

2. 于本条第 1 款第 1 句情形，出于对程序的加速或简化或其他有助于查明事实的理由，追诉和处罚权也可以通过行政机关间的协商转移给另一个有管辖权的行政机关。多个行政机关都有事务管辖权的，依据本条第 1 款第 1 句获得优先管辖权的行政机关，应当至迟在调查结束前听取其他有事务管辖权的行政机关的意见。

3. 本条第 2 款第 1 句所称协商无法达成的，在参与行政机关的申

请下,由下列机关决定管辖权的归属:

(1) 这些行政机关的共同上一级行政机关;

(2) 无共同上一级行政机关的,为依据本法第 68 条的具有管辖权的共同法院;

(3) 依据本法第 68 条规定多个法院有管辖权的,为这些法院共同的上级法院。

4. 本条第 2 款和第 3 款规定的管辖权的转移,可通过相同方式予以撤销。

第 40 条　检察机关的追诉

除法律另有规定外,检察机关对刑事程序中发现的违法秩序行为有管辖权。

第 41 条　移送检察机关

1. 现有依据表明违法行为是刑事犯罪行为的,行政机关应将案件移送检察机关。

2. 检察机关不启动刑事程序的,应将案件发回行政机关。

第 42 条　检察机关接管

1. 检察机关追诉的犯罪与违反秩序行为存在关联的,检察机关可以在罚款处罚决定作出前,接管对该违反秩序行为的追诉。行为人既因一项犯罪又因一项违反秩序行为被指控的,或因同一行为一人被指控实施犯罪另一人被指控实施违反秩序行为的,犯罪行为和违反秩序行为之间存在关联。

2. 检察机关应仅出于加速程序或因事实关联或其他出于侦查或查清事实等理由,接管追诉。

第 43 条　移送行政机关

1. 检察机关于本法第 40 条情形,仅因犯罪行为终止追诉,或于本法第 42 条情形,未进行追诉,但现有依据表明该行为可能以违反秩序行为进行追诉的,应将案件移送行政机关。

2. 检察机关已接管追诉的,只要该程序尚未进行至法院裁判阶段,检察机关可以将案件移送行政机关;检察机关仅因相互关联的犯罪行为终止程序的,应将案件移送行政机关。

第 44 条 对行政机关的约束

检察机关对一个行为是否以犯罪行为进行追诉的决定,对行政机关有约束力。

第 45 条 法院的管辖权

检察机关对违反秩序行为和与其相关联的犯罪行为追诉的,对处罚违反秩序行为有管辖权的法院,为该刑事案件的管辖法院。

第二节 一般程序规定

第 46 条 刑事程序规定的适用

1. 除本法另有规定外,罚款处罚程序按其含义适用刑事程序相关的一般法律规定,特别是《刑事诉讼法》《法院组织法》和《少年法院法》。

2. 除本法另有规定外,追诉机关在罚款程序中有与检察机关追诉刑事犯罪相同的职权和义务。

3. 不得移送(治疗或感化)机构,不得拘留和逮捕,不得扣留邮件和电报,不得讯问或询问邮政和电信秘密权保护的相关内容。《刑事诉讼法》第 160 条第 3 款第 2 句关于法院协助的规定不予适用。不得开启强制起诉程序。受害人参与程序以及跨州检察机关程序登记的相关规定不予适用,《刑事诉讼法》第 406e 条不受此限制。

4. 于血样提取和其他轻微干预时,有限制地适用《刑事诉讼法》第 81a 条第 1 款第 2 句。若有明确的事实证明,相对人有实施《道路交通法》第 24a 条和第 24c 条规定的违反秩序行为的嫌疑,血样提取可以不依据《刑事诉讼法》第 81a 条第 2 款第 1 句,无须法官的命令。若依据本款第 1 句,在刑事程序中血液样本和其他身体细胞允许被提取的,所提取的样本允许被使用。血液样本和其他身体细胞不得用于

《刑事诉讼法》第 81e 条所称的检查。

5. 对经传唤不到庭的相关人和证人的强制传唤命令权,法官得以保留。因强制作证(《刑事诉讼法》第 70 条第 2 款),对证人的羁押不得超过六周。

6. 针对少年和青少年的程序,对程序的适当实施并非必要的,可以不请求少年法院协助(《少年法院法》第 38 条)。

7. 在法院的程序中,由地区法院的罚款处罚事项部门、州法院的罚款处罚案件庭、高等法院以及联邦最高法院的罚款处罚案件审判委员会作出裁判。

8. 具体执行《法院组织法》第 191a 条第 1 款第 1 句至第 4 句有关罚款程序条文所颁布的法规命令,依据《法院组织法》第 191a 条第 2 款制定。

第 47 条　对违反秩序行为的追诉

1. 对违反秩序行为的追诉,由追诉机关经合义务裁量决定。只要在追诉程序进行期间内,追诉机关都可以决定终止该程序。

2. 程序已至法院但尚未结束,法官认为不应处罚的,经检察机关同意,可于任何情况下终止该程序。处罚决定金额低于 100 欧元且检察机关已声明不参与主审的,不必经检察机关同意。该项决定不可撤销。

3. 程序的终止不取决于已向某一公益机构或其他单位支付款项或与此相关联。

第 48 条　(已废止)

第 49 条　相关人和行政机关查阅卷宗

1. 不损害本程序或其他刑事和罚款处罚程序的调查目的,不与第三人重大保护利益相冲突的,行政机关应根据相关人的申请提供卷宗供其查阅。卷宗非为电子形式制作的,行政机关可将卷宗复印件送至卷宗查阅地点。

2. 追诉机关为检察机关的,其他有管辖权的行政机关有权查阅向法院提交的和应向法院提交的卷宗以及查看封存和扣押的物品。以纸面形式制作的卷宗,应根据行政机关的申请送交,供其查阅。

第 49a 条　依职权进行的跨程序传送

1. 法院、检察院和行政机关认为有下列必要,可依职权将与罚款处罚程序相关的个人信息传送给有管辖权的行政机关和法院:

(1) 为追诉刑事犯罪或追诉其他违反秩序行为;

(2) 为包括罚款决定执行在内的其他罚款事项的裁判或赦免裁判;

(3) 为《刑事诉讼法》第 477 条第 2 款规定的其他裁判或措施。

《刑事诉讼法》第 480 条第 1 款予以准用的,上述规定同样适用于警察机关。《刑事诉讼法》第 478 条,第 479 条第 1 款、第 2 款、第 5 款第 1 句和第 6 款,以及第 480 条第 1 款和第 2 款按其含义得以适用。

2. 个案存在特殊情况,为《法院组织法实施法》第 14 条第 1 款第 4 项至第 9 项规定的目的一并按其含义适用该条第 2 款第 2 句和第 4 句,从而认定信息转交必要的,允许传送。

3. 传送机关认为,相关人对不予传送所受保护的利益明显更为重要的,本条第 1 款和第 2 款规定的信息传送不得进行。

4. 行政机关的信息传送,还应适用下列规定:

(1)《法院组织法实施法》第 12 条、第 13 条、第 16 条、第 17 条第 2 项至第 5 项和第 18 条至第 21 条;

(2) 该法第 23 条至第 30 条所规定的程序被本法第 62 条第 1 款第 1 句、第 2 款规定的程序代替的,《法院组织法实施法》第 25 条所称法院被本法第 68 条所称法院代替的,《法院组织法实施法》第 22 条得以适用。

此外,罚款处罚程序的管辖机关认为,接收机关出于履行其管辖范围内的职责所必需,且该职责与程序对象存在关联的,可以将该程序的最终裁判传送给启动罚款处罚程序或其他参与该程序的行政机关;该裁判造成某一法律手段被排除的,被撤销的决定也允许传送。

对联邦罚款处罚法规事务有管辖权的联邦各部,可以经联邦参议院的同意,颁布《法院组织法实施法》第 12 条第 5 款所称的一般行政规定。

5.《刑事诉讼法》第 481 条按其含义得以适用。符合《刑事诉讼法》第 481 条第 1 款第 2 句规定的传送,在本条第 3 款的条件下不得作出。卷宗编号传送给其他启动罚款处罚程序或其他参与该程序的行政机关的,《刑事诉讼法》第 482 条仅按本条第 1 款含义得以适用。

第 49b 条　依申请进行的跨程序传送;其他为跨程序目的对数据的使用

提供资讯、根据请求提供卷宗阅览以及其他为跨程序目的对罚款处罚程序数据的使用,按其含义依下列方式适用《刑事诉讼法》第 474 条至第 476 条、第 478 条至第 481 条以及第 498 条第 2 款:

(1) 刑事犯罪被违反秩序行为代替的,适用《刑事诉讼法》第 474 条第 2 款第 1 句第 1 项;

(2) 关于刑事程序中个人信息的传送或使用的特殊规定被关于罚款处罚程序中个人信息的传送或使用代替的,适用《刑事诉讼法》第 474 条第 2 款第 1 句第 2 项和第 3 项以及第 481 条;

(3) 刑事程序的目的被罚款处罚程序的目的代替的,适用《刑事诉讼法》第 479 条第 1 款;

(4) 二年期间被一年期间代替的,适用《刑事诉讼法》第 479 条第 4 款第 2 项;

(5)《刑事诉讼法》第 68 条所称法院,依据该法第 62 条第 1 款第 1 句、第 2 款的程序,对行政机关申请传送法院的裁判作出决定的,适用《刑事诉讼法》第 480 条第 3 款第 1 句。

第 49c 条　个人信息规定

1. 对个人信息的处理和使用,在不违反《刑事诉讼法》第 496 条第 3 款和其他法律特别规定的情况下,依照下列规定按其含义适用《刑事诉讼法》第 8 编第 2 章。

2. 在不违反本条第 3 款规定的情况下,在《刑事诉讼法》第 483

条、第 484 条第 1 款和第 485 条的允许范围内，个人信息的储存、变更和使用，仅允许由法院、检察院和行政机关进行，行政机关包括了执行机关和警察机关；此时，刑事程序的目的被罚款处罚程序的目的代替。若出于刑事程序、赦免程序或国际刑事和处罚案件及其机关公务协助程序目的之考虑必要，可以使用罚款处罚程序中的个人信息。对于行为实施时尚未达到刑事责任年龄者，不得为将来追诉罚款处罚程序的目的储存其个人信息。

3. 本条第 2 款所称的业务范围属于不同联邦或州部门的机构，形成《刑事诉讼法》第 486 条所称的共同自动化数据，须出于履行规定职责的必要并且对于相关人值得保护的利益是均衡的，始得允许。

4. 若本条第 1 款至第 3 款所储存的数据仅允许依据本条第 2 款的目的被转交给有管辖权的机关，《刑事诉讼法》第 487 条第 1 款第 1 句得以适用；第 49a 条第 3 款相应适用于依职权进行的转交。若依据本法，卷宗中的数据可被获取的，可被转交，《刑事诉讼法》第 487 条第 2 款得以适用。

5. 为将来追诉违反秩序行为而储存个人信息的，《刑事诉讼法》第 489 条第 3 款第 2 句第 1 项规定的储存期间，在罚款超过 250 欧元时不得超过五年，于《刑事诉讼法》第 489 条第 3 款第 1 句第 1 项至第 3 项规定的所有其他情形，不得超过二年。

第 49d 条　电子文档中的个人信息保护

《刑事诉讼法》第 496 条第 1 款和第 498 条第 1 款中的刑事程序被罚款处罚程序代替的，《刑事诉讼法》第 496 条第 1 款和第 2 款以及第 497 条和第 498 条相应适用。

第 50 条　行政机关措施的公布

1. 行政机关的决定、命令和其他措施，应当不拘形式地向相对人公布。允许在一定期限内对该措施提出法律救济的，须以决定送达的形式向相对人公布。

2. 行政机关公布可以经法律救济途径被撤销的决定时，须告知相对人提请撤销的可能性和提请的期限与形式。

第 51 条　行政机关送达程序

1. 关于行政机关的送达程序,除本条第 2 款至第 5 款另有规定外,联邦行政机关的送达适用《行政送达法》,否则适用相应的州法规。文件借由自动化设备制作的,即送达如此制作的文件。

2. 决定文书(本法第 50 条第 1 款第 2 句)应送达相关人,有法定代表人的,应通知法定代表人。

3. 卷宗内显示选定以及聘任的辩护人的,视为被授权为相关人接收送达的文书和其他通知;对相关人传唤的送达,仅在辩护人有明文授权接收传唤的情况下适用上述规定。裁判文书依据本款第 1 句前半句送达至辩护人的,应当同时通知相关人;相关人还应不拘形式地获得一份裁判副本。决定文书送达至相关人的,应当同时通知辩护人,即使卷宗内未有授权亦然;辩护人还应不拘形式地获得一份裁判副本。

4. 需对数个有权接收者进行送达的,期限从最后送达完成之日起计算。

5. 《行政送达法》第 6 条第 1 款以及相应的州法规不予适用。相关人有辩护人的,《行政送达法》第 7 条第 1 款第 1 句和第 2 句、第 2 款以及相应的州法规也不予适用。

第 52 条　恢复期间

1. 在规定期限内,针对行政机关的决定提起法律救济的,除非本条第 2 款另有规定外,准用《刑事诉讼法》第 44 条、第 45 条、第 46 条第 2 款和第 3 款以及第 47 条关于恢复期间的规定。

2. 恢复期间及延期执行,由行政机关决定。及时提起法律救济的,若法院对案件裁判本身有管辖权,亦由该法院决定恢复期间及延期执行。行政机关驳回恢复期间的申请,不服该驳回决定的,申请人可在决定送达后二周内,依据本法第 62 条的规定向法院申请裁判。

第三节 先行程序

第一小节 一般规定

第53条 警察机关的职责

1. 警察机关及其工作人员,应经过合义务裁量对违反秩序行为进行调查并及时作出决定,以防案件事实被掩盖。在调查过程中,除法律另有规定外,警察机关及其工作人员有与追诉刑事犯罪时同样的职权和义务。警察机关的卷宗须立即转交给行政机关,在具有关联性的案件中(本法第42条)立即转交给检察机关。

2. 经检察机关调度作为调查人员的警察机关工作人员(《法院组织法》第152条),可以根据对其适用的《刑事诉讼法》的规定,作出扣押、搜查、检查以及其他措施的决定。

第54条 (已废止)

第55条 听取相关人的意见

1. 应限制适用《刑事诉讼法》第163a条第1款,相关人对指控有机会发表意见即符合要求。

2. 无须告知相关人,在其被讯问前,即可向其选定的辩护人征询意见。《刑事诉讼法》第136条第1款第3句至第5句不予适用。

第二小节 警告程序

第56条 行政机关给予警告

1. 对轻微的违反秩序行为,行政机关可以警告相对人并收取5至55欧元的警告金。行政机关可以警告但不收取警告金。

2. 本条第1款第1句所称警告,相对人被告知其具有拒绝权后同意该项警告决定,并依照行政机关确定的方式,或者立即缴纳,或者在一周内向指定机构缴纳或通过邮局向该机构汇款缴纳警告金时,始得生效。相对人不能立即缴纳警告金或警告金数额超过10欧元的,应准予在一周期限内缴纳。

3. 本条第 1 款第 1 句所称的警告金数额、缴纳或特定缴纳期限,应开具收据予以显示。不得收取其他费用(手续费和垫付款)。

4. 本条第 1 款第 1 句所称的警告生效后,不得再基于事实上或法律上的原因追诉被警告的行为。

第 57 条　警察机关的公务人员和外勤人员给予警告

1. 履行本法第 56 条规定权限的行政机关外勤人员,应表明其身份。

2. 发现违反秩序行为或首先对其追诉且通过职务着装或其他方式表明身份的被授权的警察机关的公务人员,也享有本法第 56 条规定的职权。

第 58 条　给予警告的授权

1. 本法第 57 条第 2 款规定的授权,由公务人员的最高主管机关或其指定的机构作出。针对哪些秩序行为应授权的问题,最高主管机关与管辖机关进行协商。对违反秩序行为的追诉和处罚有管辖权的机关,为联邦行政机关时,管辖机关为有专业管辖权的联邦各部,否则为有专业管辖权的州最高机关。

2. 对特定的违反秩序行为,考虑其发生的概率和相似性,应尽可能均等处理,对行政机关所属人员和公务人员给予警告的一般授权中,应包含更为详细的规定,包括在哪些情况下和满足哪些条件时给予警告,以及收取多少数额的警告金。

第三小节　行政机关的程序

第 59 条　鉴定人、口译人和翻译人的报酬;对证人和第三人的补偿

关于鉴定人、口译人和翻译人的报酬以及对证人和第三人的补偿(《司法报酬及司法补偿法》第 23 条)应适用《司法报酬及司法补偿法》。

第 60 条　辩护

行政机关的程序需辩护人参与的(《刑事诉讼法》第 140 条第 2

款),辩护人的指定由行政机关管辖。行政机关还可以决定,是否允许其他人担任辩护人以及拒绝其他人担任辩护人(《刑事诉讼法》第138条第2款、第146a条第1款第1句和第2句)。

第61条　调查终结

行政机关终结调查,考虑继续追诉违反秩序行为的,须将此记录于案卷中。

第62条　不服行政机关措施的法律救济

1. 不服罚款处罚程序中行政机关作出的决定、命令和其他措施,相对人以及其他的措施相关人可以向法院提起裁判申请。但不包括为准备决定是否作出罚款处罚或终止程序而采取的不具备单独意义的措施。

2. 上述申请由本法第68条规定的有管辖权的法院受理和裁判。《刑事诉讼法》第297条至第300条、第302条、第306条至第309条和第311a条,以及《刑事诉讼法》中关于诉讼费用负担的规定,按其含义得以适用。除法律另有规定外,法院裁判不可撤销。

第四小节　检察机关的程序

第63条　行政机关的参与

1. 检察机关接管对违反秩序行为的追诉后(本法第42条),受委托调查违反秩序行为的其他有管辖权的行政机关的所属人员,有和罚款处罚程序中警察机关工作人员同样的职权和义务。其他有管辖权的行政机关,可以根据《刑事诉讼法》中适用于检察机关侦查人员的规定,作出扣押、紧急让与、搜查和检查的决定。

2. 在涉及违反秩序行为的范围内,起诉书和提请刑罚的申请应通知其他有管辖权的行政机关。

3. 于本法第40条或第42条情形,检察机关考虑终止违反秩序的程序的,检察机关须听取其他有管辖权的行政机关的意见。行政机关的专业知识对决定的作出并非必要的,检察机关可以忽略其意见。

第 64 条 公诉扩及违反秩序行为

于本法第 42 条情形,检察机关对刑事犯罪行为提起公诉,侦查后有足够理由认为应当扩及违反秩序的,公诉可以扩及违反秩序行为。

第四节 罚款处罚决定

第 65 条 一般规定

除本法另有规定外,对违反秩序行为处以罚款处罚。

第 66 条 罚款处罚决定的内容

1. 罚款处罚决定包括以下内容:

(1) 相对人和其他可能参与人的个人情况;

(2) 辩护人的姓名和地址;

(3) 归责于相对人的行为名称、行为实施的时间和地点、违反秩序行为的法律特征以及适用的罚款处罚依据;

(4) 证据;

(5) 罚款和附随法律后果。

2. 罚款处罚决定还应包括:

(1) 对下列事项的告知:

a) 没有依照本法第 67 条提出异议的,罚款决定有法律效力并可执行;

b) 即使提出异议,仍可以作出对相对人不利的决定。

(2) 要求相对人在决定生效后至迟二周内或在确定的时间内(本法第 18 条)完成以下事项:

a) 向相应收款处缴纳罚款或经确定后的部分罚款;

b) 无力缴纳的,须书面或以笔录的形式,向执行机关(本法第 92 条)说明,依其经济状况不能按时缴纳的原因。

(3) 告知相对人,若不履行本款第 2 项规定的义务有可能被强制执行。

3. 除本条第 1 款第 3 项和第 4 项规定的事项外,处罚决定无须说明理由。

第五节 提出异议和法院的程序

第一小节 提出异议

第 67 条 形式与期限

1. 相对人不服处罚的,可在送达后二周内以书面或笔录的形式,向作出处罚决定的行政机关提出异议。《刑事诉讼法》第 297 条至第 300 条和第 302 条关于法律救济的规定予以准用。

2. 异议仅限于针对某特定问题点提出。

第 68 条 管辖法院

1. 不服罚款处罚决定提出的异议,由作出决定的行政机关所在辖区的地区法院裁判。由地区法院法官独任裁判。

2. 针对少年和青少年的程序,由少年法院管辖。

3. 如果在一个州行政机关辖区内,存在数个地区法院辖区或有数个此类辖区部分,州政府可以通过制定不同于本条第 1 款的法规命令,以下列方式确定地区法院的管辖权:

(1)违反秩序行为的或数个违反秩序行为之一的行为实施地所在辖区(行为地);

(2)相对人居住地所在辖区(居住地)。

但因案件的大量性或者因行为地或居住地与本条第 1 款所称管辖地区法院之间的距离遥远,显示将案件分配于数个地区法院的,以有助于程序的进行为限;本法第 37 条第 3 款的规定予以准用。本款第 1 句所称有管辖权的地区法院所在的区,可以包含多个地区法院。州政府可以将该项授权转交给州司法行政机关。

第 69 条 中间程序

1. 未及时、未以规定形式或以其他不生效力的方式提出异议,行政机关以异议不合法为由而驳回。不服驳回决定的,允许依据本法第62条,在决定送达后二周内向法院提请裁判。

2. 异议被受理的,行政机关须进行审查,以决定是否维持或撤回处罚决定。为此目的,行政机关可以:

(1) 命令或自行作出进一步调查;

(2) 要求行政机关或其他机关发表对职务履行、调查和认识(本法第77a条第2款)的说明。

行政机关还可以给予相对人机会,在一段有待指定的期间内,陈述其在进一步的程序中为免除责任是否提出以及提出哪些事实和证据;同时应当告知相对人,依据法律相对人可以自主决定是否对指控发表意见或对案情不作出陈述。

3. 行政机关对处罚决定不予撤回,且未进行本条第1款第1句所称程序的,行政机关将卷宗经由检察机关交给地区法院;行政机关要在卷宗内按实际情况附注理由。对于卷宗查阅申请以及卷宗提供(本法第49条第1款、《刑事诉讼法》第147条)的决定要在卷宗送交前完成。

4. 检察机关接收卷宗,追诉机关的职责随即转移给检察机关。检察机关不终止程序也不进一步调查的,应将卷宗提交至地区法院。

5. 事实情况显然未调查充分的,地区法院法官可以附注理由,并经检察院同意后,将案件发回行政机关;行政机关接收卷宗后即对追诉和处罚有管辖权。地区法院法官对重新送交的案件,认为尚未有足够嫌疑的,可以通过终局裁定将案件退回行政机关。该裁定不可撤销。

第70条 法院对异议受理的裁定

1. 异议提出没有遵守相关规定的,法院裁定驳回异议。

2. 不服裁定者,允许其立即提起抗告。

第二小节 主 程 序

第 71 条 主审程序

1. 除本法另有规定外,异议受理后的程序,依据《刑事诉讼法》不服刑事处罚提出异议并被受理后所适用的规定。

2. 为更好地查明案件,法院可以:

(1) 命令收集个别证据;

(2) 要求行政机关或其他机构发表对职务履行、调查和认识(本法第 77a 条第 2 款)的说明。

法院为准备主审,可以给予相对人机会,让其在一段有待指定的期限内,陈述在进一步的程序中,为免除责任是否提出以及提出哪些事实和证据;本法第 69 条第 2 款第 3 句的后半句予以适用。

第 72 条 决定和判决

1. 法院认为主审程序并非必要且相对人和检察机关对决定程序不反对的,可以通过决定进行裁判。法院应事先告知相对人有进行这一程序和提出反对的可能性,并给相对人机会,在告知送达后二周内陈述意见;《刑事诉讼法》第 145a 条第 1 款和第 3 款予以准用。法院宣告相对人无罪的,可以不告知相对人,且可以与其反对意见相左,通过决定作出裁判。

2. 期间届满后提出反对的,不被接受。于此情形,不服该决定的,可以在送达后一周内,在与错过不服期间提出申请相同的条件下,申请恢复期间。这一点须在决定送达相对人时告知。

3. 法院对是否宣告相对人无罪、是否罚款处罚、是否作出附随法律后果命令或终止程序作出判决。法院不得作出与罚款处罚决定不同且对相对人更为不利的判决。

4. 处以罚款的,须说明违反的秩序行为名称;该处罚的构成要件有法律名称的,应以该法律名称指称所处罚的违反秩序行为。《刑事诉讼法》第 260 条第 5 款第 1 句予以准用。判决理由包括法院认为已证实的、有违反秩序行为法律特征的事实。证据从其他事实中推断得出,也应加以说明。此外,须提出对确定罚款处罚以及作出附随法律后果命令具有决定性的相关情况。

5. 宣告相对人无罪的,必须表明理由,是否证明相对人无罪,或者是否以及出于何种原因不将已认定的行为视为违反秩序行为。决定不能通过抗告方式撤销的,仅须说明,是否基于事实或法律上的原因无法确定归责于相对人的违反秩序行为。

6. 程序参与人放弃参加程序的,决定可以不说明理由。该情况下,告知处罚决定内容即可;法院可以出于个案考虑,按其裁量作出补充说明。不服决定提出抗告的,应在五周内在卷宗内添加完整理由。

第 73 条 相对人出席主审程序

1. 相对人有义务出席主审程序。

2. 相对人已对案件陈述意见和作出解释说明的,不再要求其在主审程序中对案件陈述意见,相对人的出席对事实查明的要点并非必要时,法院可以应相对人的申请免除其到场义务。

3. 法院免除相对人到场义务的,相对人可以由有代理权的辩护人代理。

第 74 条 缺席程序

1. 相对人未出席并且已被免除亲自到场的义务的,主程序在相对人缺席的情况下进行。此前对相对人的讯问、书面记录或其他说明,以报告重要内容或宣读的方式在主程序中提出。对辩护人作出《刑事诉讼法》第 265 条第 1 款和第 2 款所规定的必要告知即可。

2. 相对人未被免除到场义务且无足够申辩理由缺席的,法院对案件不进行主审,判决驳回异议。

3. 传唤相对人时,须告知本条第 1 款和第 2 款以及第 73 条和第 77b 条第 1 款第 1 句和第 3 句所规定的事项。

4. 依据本条第 1 款或第 2 款,主审程序在相对人缺席的情况下进行,相对人不服判决的,可以在送达后一周内,在与错过不服期间提出申请相同的条件下,申请恢复期间。须在判决送达相对人时告知。

第75条 检察机关参加主审程序

1. 检察机关没有参加主审程序的义务。法院认为检察机关参加是适当的,可以通知参加。

2. 检察机关没有参加主审程序的,终止程序(本法第47条第2款)和主审程序中异议的撤回无须经检察机关的同意。

第76条 行政机关的参加

1. 法院应给行政机关机会,提出其认为对于判决关系重大的意见。法院依据本法第47条第2款考虑终止程序的,同样适用上句规定。应通知行政机关主审日期。行政机关的代表人在主审程序中可以应要求发言。

2. 行政机关的专业知识对裁判的作出并非必要的,法院可以不考虑本条第1款有关行政机关参加的规定。

3. 检察机关考虑撤回起诉的,准用本法第63条第3款。

4. 判决以及其他终结程序的裁判,应通知行政机关。

第77条 证据调查的范围

1. 在不损害依职权调查事实这一义务的情况下,法院确定证据调查的范围。确定证据调查范围还须考虑案件的重要性。

2. 法院认为根据当前证据调查结果案情已查清的,除《刑事诉讼法》第244条第3款规定的情形外,也可以于下列情形驳回证据调查申请:

(1) 按其合义务裁量,该项证据收集对查明事实并非必要;

(2) 按其自主判断,该证据或有待证明的事实无合理理由却耽于提出,以至于如果对其进行收集会造成主审程序的中止。

3. 依据本条第2款第1项驳回证据调查申请的理由,法院在决定时(《刑事诉讼法》第244条第6款),通常以该证据收集非为调查事实所必需为限。

第 77a 条　证据调查的简化方式

1. 对证人、鉴定人或共同相对人的讯问，可以通过宣读先前的讯问笔录和包含上述人员意见的文书代替。

2. 行政机关和其他机关及其所属人员对其职务履行、调查和认识的说明，即使不符合《刑事诉讼法》第 256 条规定的条件，也允许通过宣读进行。

3. 法院也可以通过电话方式获得机关的说明（本条第 2 款），并在主审程序中宣告其重要内容。宣告后的说明须应申请记录。

4. 相对人、辩护人和检察机关出席主审程序的，本条第 1 款至第 3 款所规定的程序须得到上述人员的同意。《刑事诉讼法》第 251 条第 1 款第 3 项和第 4 项、第 2 款第 1 项和第 2 项、第 3 款和第 4 款以及第 252 条和第 253 条的规定不受影响。

第 77b 条　不附判决理由

1. 所有有权申请撤销判决的人员放弃抗告或在法定期间内未提出的，法院可不附判决理由。检察机关未参与主审程序的，其放弃声明并非必要；但检察机关在主审程序之前已申请的，须附判决理由。相对人已被免除主审程序出席义务，在主审程序过程中由辩护人代理，并于判决中仅被处罚 250 欧元以下罚款的，相对人的放弃声明并非必要。

2. 相对人错过不服恢复期间抗告期的，于本条第 1 款第 2 句前半句情形由检察机关，或于本条第 1 款第 3 句情形由相对人提出抗告，判决理由须在《刑事诉讼法》第 275 条第 1 款第 2 句规定的期限内附于卷宗。

第 78 条　其他的程序简化

1. 法院可以不宣读文书，而以公布其重要内容的方式代替；但文书的字句本身是关键的，不得简化。相对人、辩护人和出席主审程序的检察机关代表人已知晓文书的字句或已有机会知晓的，对上述人员对此的确定予以记录即可。宣读文书以程序参加人同意为条件的，也适用本款第1句和第2句规定的程序。

2.《刑事诉讼法》第243条第4款仅在有关协商讨论进行后予以适用;《刑事诉讼法》第273条第1a款第3句和第2款不予适用。

3. 针对少年的程序准用《少年法院法》第78条第3款。

4. 对少年或青少年予以罚款处罚的,少年法院可以同时根据本法第98条第1款作出执行命令。

5.（已废止）

第三小节　法律救济

第79条　抗告

1. 不服判决和本法第72条所称决定的,允许于下列情形提起抗告：

(1) 相对人被处以250欧元以上罚款的；

(2) 作出附随法律后果命令的,且该命令具有财产法性质,价值在判决或本法第72条所称决定中被确定为不高于250欧元的；

(3) 相对人违反秩序被宣告无罪、终止程序、未被处以禁止驾驶但该行为被处以的秩序处罚或刑事处罚数额为600欧元以上、被处以禁止驾驶、检察机关申请处以此类罚款处罚或禁止驾驶的；

(4) 裁定驳回异议；

(5) 依照本法第72条所称决定作出的裁判,即使异议人及时对该程序提出了反对或以其他方式拒绝了异议人的法定听审。

此外,不服判决,经受理的(本法第80条),允许提起抗告。

2. 判决或本法第72条所指决定以数行为为对象,而本条第1款第1句第1项至第3项或第2句规定的条件仅符合其中个别行为的,仅允许在该范围内提起抗告。

3. 除本法另有规定外,抗告以及后续程序准用《刑事诉讼法》和《法院组织法》关于法律审上诉的相关规定。《刑事诉讼法》第342条的规定也准用于本法72条第2款第2句前半句所指的恢复期间。

4. 在抗告人缺席的情况下宣布决定或判决且并未依据本法第 73 条第 3 款由有权辩护人代理的,提起抗告的期间从本法第 72 条所称的决定或判决送达之时起计算。

5. 抗告法院以决定作出裁判。对判决不服提起抗告的,抗告法院可以基于主审以判决作出裁判。

6. 抗告法院撤除已被撤销的判决的,可以不依据《刑事诉讼法》第 354 条的规定,对案件自行裁判,或将案件发回作出撤销判决的地区法院,或发回该州内其他辖区的地区法院。

第 80 条　抗告的受理

1. 于下列情形,抗告法院受理依本法第 79 条第 1 款第 2 句提起的申请:

(1) 除本条第 2 款另有规定外,为了法的续造或为保障实现判决的一致性审查判决;

(2) 因未允许相对人法定听审而撤销判决。

2. 于下列情形,因适用程序性法律规范而提起抗告的,不被受理,因适用其他法律规范而提起的,仅为法的续造,可被受理:

(1) 相对人被处以不超过 100 欧元的罚款,或被作出具有财产性质的附随法律后果命令,其价值在判决中被确定为不超过 100 欧元的;

(2) 相对人因违反秩序被宣告无罪、终止程序且该行为被处以的违反秩序处罚或刑事处罚数额不超过 150 欧元,或检察机关申请处以此类罚款处罚的。

3. 抗告受理的申请准用提起抗告的相关规定。抗告受理申请被视为防备性的抗告。应当遵循关于抗告申请及其理由(《刑事诉讼法》第 344 条和第 345 条)的规定。申请人应当同时说明申请抗告的理由,基于何种理由满足本条第 1 款所列举的条件。《刑事诉讼法》第 35a 条的规定予以准用。

4. 抗告法院通过决定对申请进行裁判。《刑事诉讼法》第 346 条至第 348 条的规定予以准用。决定驳回申请无须说明理由。申请被驳回的,抗告视为被撤回。

5. 判决前,抗告受理申请被证实存在程序性障碍的,只能在障碍于判决宣告后出现时,抗告法院才能终止程序。

第 80a 条　州高级法院罚款处罚庭的组成

1. 除另有规定外,州高级法院罚款处罚庭由一名法官组成。

2. 罚款数额超过 5000 欧元的,或作出财产性质的附随法律后果,其价值超过 5000 欧元的,或申请处以上述处罚的,州高级法院审理本法第 79 条第 1 款第 1 句所称抗告时,罚款处罚庭须由包括审判长在内的三名法官组成。罚款处罚价值和财产性质的附随法律后果价值酌情合计。

3. 于本条第 1 款情形,为了法的续造或为保障实现判决的一致,对判决或第 72 条所称决定进行审查的,于必要时,法院可将案件转移给由三名法官组成的罚款处罚庭。上述规定也适用于已被受理的抗告程序,不适用于抗告受理申请程序。

第六节　罚款处罚与刑事处罚程序

第 81 条　罚款处罚与刑事处罚的过渡

1. 在罚款处罚程序中,法院不受行为是否违反秩序这一判断的约束。仅在事先告知相对人变更法律观点并且给予其申辩机会的前提下,法院始得根据刑事法律进行裁判。

2. 应检察机关申请或依职权,法院应告知相对人变更法律观点。获知后,相对人取得被告的法律地位。法院认为有必要或者应被告申请,可以中止审理。应当告知被告具有申请中止审理的权利。

3. 后续程序中,本法的特别规定不再适用。但相对人在场时已进行的证据调查,其实施依据是这些规定的,仍可适用;上述规定不适用于本法第 77a 条和第 78 条第 1 款所称的证据调查。

第 82 条　刑事程序中的罚款处罚判决

1. 在刑事程序中,法院可同时基于违反秩序行为的判断,对被告被公诉的行为裁判。

2. 法院仅基于违反秩序行为的判断受理主审控告的,后续程序应适用本法的特别规定。

第 83 条　同时涉及违反秩序行为和刑事犯罪行为的程序

1. 程序以违反秩序行为和刑事犯罪行为为对象的,个别行为仅以违反秩序行为被追诉,涉及这一行为的程序同时适用本法第 46 条第 3 款、第 4 款、第 5 款第 2 句和第 7 款、第 47 条、第 49 条、第 55 条、第 76 条至第 78 条、第 79 条第 1 款至第 3 款以及第 80 条的规定。

2. 于本条第 1 款情形,对仅涉及违反秩序行为的部分不服判决而提起抗告以及对其他部分提起事审上诉,且上诉未撤回或未因不合法被驳回的,及时并按规定形式提起的抗告即作为上诉处理。抗告申请及其理由仍然应以规定形式提出并送达对方(《刑事诉讼法》第 344 条至第 347 条);无须本法第 79 条第 1 款第 2 句规定的允许。不服上诉判决的,可以依据本法第 79 条第 1 款和第 2 款以及第 80 条提起抗告。

3. 抗告法院撤销仅涉及违反秩序行为判决的,可以对案件自行裁判。

第七节　确定力与再审

第 84 条　确定力的效力

1. 罚款处罚已确定的,或法院对一行为以违反秩序或刑事犯罪已作出裁判的,对该行为不得再以违反秩序为由追诉。

2. 以违反秩序作出的判决确定后,也不得再对其以刑事犯罪追诉。本法第 72 条所称决定和抗告法院以违反秩序作出的决定,与确定的判决享有同等地位。

第 85 条 再审

1. 除下列法条另有规定外,对罚款处罚裁判终结的程序的再审,准用《刑事诉讼法》第 359 条至第 373a 条的规定。

2. 有新的事实或证据(《刑事诉讼法》第 359 条第 5 项)有利于相对人时的再审,下列情况不被允许:

(1) 相对人仅被处以 250 欧元以下罚款的;

(2) 罚款处罚裁判确定后已过三年的。

作出财产性质的附随法律后果决定,其价值不超过 250 欧元的,本款第 1 句第 1 项的规定予以准用。

3. 不利于相对人的再审在《刑事诉讼法》第 362 条规定的条件下,仅在为了依照刑事法律规定进行裁判时被准许。为此目的,提出新的事实或证据,单独或与之前所收集的证据相结合,可作为判处相对人刑罚理由的,也允许。

4. 对罚款处罚决定的再审,由本法第 68 条规定的管辖法院裁判。相对人申请再审或行政机关知晓再审被允许的,行政机关应将卷宗送交检察机关。本法第 69 条第 4 款第 1 句予以准用。

第 86 条 刑事程序中罚款处罚裁判的撤销

1. 相对人被判处罚款处罚,之后因同一行为在刑事程序中被判处刑罚,罚款处罚裁判在该范围内被撤销。刑事程序中没有被判处刑罚,但法院在终局裁判中确认该裁判与罚款处罚裁判相对立的,亦同。

2. 基于被撤销的罚款处罚裁判,已缴纳或被收取的罚款,依次充抵被判处的刑事罚金、负有缴纳金钱义务的附随法律后果、刑事程序费用。

3. 本条第 1 款和第 2 款规定的决定应当在判决或其他终局裁判中作出。

第八节　附随法律后果命令或者对法人或人合组织处以罚款处罚的程序

第87条　没收

1. 罚款处罚程序中,行政机关没收物品的,也对程序参加决定、指派律师或指派其他可委任的辩护人以及关于补偿的决定有管辖权(《刑事诉讼法》第424条、第425条、第428条第2款、第430条第3款、第438条第1款和第2款);本法第60条第2句予以准用。

2. 除法律另有规定外,自罚款处罚裁判作出起,没收程序的其他参加人享有相对人应有的权利。没收命令的罚款处罚裁判应送达没收程序的其他参加人。同时应告知参加人,该没收命令也是针对其作出的。

3. 单独程序中,没收以单独决定的形式作出;本法第66条第1款、第2款第1项第1小项和第3款予以准用。没收决定与罚款处罚决定享有相同的地位。行政机关对追诉特定行为人有管辖权的,对没收也有管辖权;物品被扣押地所在辖区的行政机关亦有地域管辖权。

4. 不服罚款处罚裁判的后续程序(《刑事诉讼法》第433条),应向作出没收命令的行政机关提出申请。依据本法第68条有管辖权的法院对此作出决定。行政机关向检察机关送交卷宗,由其提交法院;本法第69条第4款第1句予以准用。

5. 法院不可撤销物品价值不超过250欧元的没收裁判。

6. 本条第2款第3句、第3款第3句后半句和第4款不适用于第29a条规定的没收命令程序。

第88条　对法人或人合组织处以罚款

1. 行政机关应当对法人或人合组织处以罚款的(本法第30条),也对程序参加决定、指派律师或指派其他可委任的辩护人的决定有管辖权(《刑事诉讼法》第444条第1款、第428条第2款);本法第60条第 2 句予以准用。

2. 在单独程序中,行政机关的罚款处罚决定以单独处罚决定形式作出。行政机关对追诉特定行为人有管辖权的,对这一事项也有管辖权;法人或人合组织所在地或分营业所所在辖区的行政机关亦有地域管辖权。

3. 本法第 87 条第 2 款第 1 句和第 2 句以及第 5 款予以准用。

第九节 罚款处罚裁判的执行

第 89 条 罚款处罚裁判的可执行性
罚款处罚裁判确定后即可执行。

第 90 条 罚款处罚决定的执行
1. 除法律另有规定外,罚款处罚决定由联邦行政机关作出的,执行适用 1953 年 4 月 27 日颁布的《行政执行法》(《联邦法律公报》第一部分,第 157 页)相应版本的规定,否则适用相应的州法律规定。

2. 除法律另有规定外,罚款处罚决定由联邦行政机关作出的,罚款进入联邦账户,否则进入州账户。前句准用于负有金钱缴纳义务的附随法律后果。

3. 作出没收或使物品无法使用的命令的,该命令的执行方式为将该物品从相对人或没收程序其他参加人处取走。该物品不在上述人员处的,上述人员应当根据行政机关的要求,向地区法院提交有关该物品下落的替代宣誓保证声明。《民事诉讼法》第 883 条第 2 款和第 3 款予以准用。

4. 本条第 1 款准用于行政机关作出的秩序金决定的执行。

第 91 条 法院作出的罚款处罚裁判的执行
法院作出的罚款处罚裁判的执行,适用《刑事诉讼法》第 451 条第 1 款和第 2 款、第 459 条、第 459g 条第 1 款和第 2 款并结合第 459 条的规定,对少年和青少年的程序还适用《少年法院法》第 82 条第 1 款、

第 83 条第 2 款以及第 84 条和第 85 条第 5 款。

第 92 条　执行机关

本节以下所称执行机关，是本法第 90 条中作出罚款处罚决定的行政机关，或第 91 条中负责执行的其他机关。

第 93 条　罚款缴纳的减轻

1. 罚款处罚裁判确定后，由执行机关批准罚款缴纳的减轻（本法第 18 条）。

2. 对减轻罚款缴纳的决定，执行机关可以事后根据本条第 1 款或第 18 条变更或撤销。与之前决定不同的变更和撤销决定，不利于相对人的，须以新的事实或证据为根据。

3. 减轻罚款缴纳的决定，按其含义适用本法第 66 条第 2 款第 2 项和第 3 项。该决定扩至程序费用；决定也可以单独针对费用作出。

4. 本法第 18 条第 2 句所称分期缴纳一定数额罚款的优待被取消的，须在卷宗内注明。执行机关可以重新允许相对人减轻罚款缴纳。

第 94 条　分期缴纳金额的结算

缴纳时未明确分期缴纳金额的，缴纳金额依次抵充罚款、负有金钱缴纳义务的附随法律后果、程序费用。

第 95 条　罚款的收取

1. 有确定事实表明相对人意图逃避罚款缴纳的，罚款或分期金额可在到期前二周收取。

2. 相对人的经济条件表明在可预见的期间内无法缴纳罚款的，执行机关可以决定停止执行。

第 96 条　强制执行命令

1. 本法第 95 条第 1 款规定的期间届满后，于下列情形，法院可以依执行机关申请或自行承担执行义务时法院依职权下令强制执行：

（1）未缴纳罚款或已确定的分期金额的；

（2）相对人对其无力缴纳罚款的情况未作说明的（本法第 66 条第 2 款第 2 项第 2 小项）；

(3) 依据本法第 66 条第 2 款第 3 项已告知相对人的；

(4) 未获悉相对人无力缴纳情况的。

2. 根据相对人的经济条件不能期待其立即缴纳罚款的,法院可以作出批准减轻罚款缴纳的决定,或将该决定权委托给执行机关行使。撤销已作出的强制执行命令。

3. 因罚款缴纳而作出的强制执行命令的期间不得超过六周,因一项罚款处罚裁判中的多个罚款作出的强制执行命令的期间不得超过三个月。此期间,考虑须缴纳的罚款数额后,以日计算,事后不得延长,但可缩短。对同一项罚款不得重复作出强制执行命令。

第 97 条　强制执行

1. 强制执行适用《刑事诉讼法》第 451 条第 1 款和第 2 款,对少年和青少年的程序还适用《少年法院法》第 82 条第 1 款、第 83 条第 2 款、第 84 条和第 85 条第 5 款的规定。

2. 相对人可随时缴纳罚款,以避免强制执行。

3. 相对人在强制执行命令作出后,其经济条件表明不能期待其立即缴纳罚款的,对该命令的执行并不受影响。但法院可以决定中止执行。

第 98 条　对少年和青少年的执行

1. 对少年作出的罚款处罚,在本法第 95 条第 1 款规定的期间内未缴纳,不可能或不符合减轻罚款缴纳、收取罚款或命令强制执行的,少年法院法官可以依执行机关申请或自行承担执行义务时依职权,决定少年以下列义务代替罚款缴纳:

(1) 提供劳动服务；

(2) 尽力弥补其行为带来的损失；

(3) 违反交通法规的,参加交通课程；

(4) 提供其他特定给付。

少年法院法官可以同时要求履行本款第 1 句所规定的义务,且可嗣后变更。

2. 少年相对人未按本条第 1 款规定履行义务并负有责任,也未缴纳罚款的,可以在告知其相应后果后,对其实施少年监禁(《少年法院法》第 16 条)。依据上述规定,于罚款处罚情形实施的少年监禁不得超过一周。实施少年监禁前,须给少年向法官口头陈述意见的机会。

3. 在同一项罚款处罚中,少年监禁决定不得重复作出。少年相对人在监禁决定作出后履行义务或缴纳罚款的,法官不予执行少年监禁。少年监禁已得到执行的,法官可以宣布罚款处罚执行完毕或部分完毕。

4. 本条第 1 款至第 3 款也适用于针对青少年的罚款处罚执行。

第 99 条　负有缴纳金钱义务的附随法律后果的执行

1. 负有缴纳金钱义务的附随法律后果的执行准用本法第 93 条和第 95 条,针对法人或人合组织的罚款处罚执行还适用本法第 94 条、第 96 条和第 97 条。

2. 行为收益没收命令(第 29a 条)确定后,相对人或没收程序的其他参加人出示已生效的裁判,确认对受害人因该被处罚行为产生赔偿请求权的,执行机关应决定没收命令在该项裁判范围内不再执行。被没收的金钱已缴纳或已被收取的,且已证明依据该确定的裁判已向受害人支付的,执行机关应命令在此范围内将钱款退还给相对人或没收程序的其他参加人。

第 100 条　嗣后关于没收的决定

1. 撤回没收保留和嗣后决定没收(本法第 24 条第 2 款第 3 项、第 25 条第 4 款),由下列机关决定:

(1) 作出罚款处罚决定的行政机关;

(2) 作出罚款处罚裁判的法院。

2. 不服嗣后没收决定,于本条第 1 款第 1 项情形,允许依据本法第 62 条在决定送达后二周内提请法院裁判。不服法院裁判,抗告标的的价值超过 250 欧元的,允许提出立即抗告。

第 101 条　对遗产的执行

罚款处罚不得执行相对人的遗产。

第 102 条　嗣后的刑事程序

1. 罚款处罚决定确定后,同一行为被提起公诉的,执行机关应当中止对在此范围内的罚款处罚执行。

2. 本法第 86 条第 1 款和第 2 款规定的裁判未在刑事程序中作出的,法院应于嗣后作出该项裁判。

第 103 条　法院裁判

1. 对下列决定提出异议,由法院裁判:

(1) 执行的准许;

(2) 由执行机关依据本法第 93 条、第 99 条第 2 款和第 102 条第 1 款作出的命令;

(3) 其他在罚款处罚执行中采取的措施。

2. 依据本条第 1 款提出的异议不影响执行。但法院可以中止执行。

第 104 条　法院裁判的程序

1. 执行必要时由法院作出裁判,必要情形及作出裁判的法院如下:

(1) 罚款处罚决定的执行,由本法第 68 条规定的管辖法院作出;

(2) 法院作出罚款处罚裁判的执行,由一审法院作出;

(3) 除本法第 100 条第 1 款第 2 项规定外,由具有法院处罚裁判执行权的少年法院作出;

(4) 依据本法第 102 条第 2 款作出的裁判,由刑事程序一审法院作出。

2. 作出裁判无须经过口头辩论。作出裁判前应给予相对人提出申请和说明理由的机会。

3. 不服下列情形,允许提出立即抗告:

(1) 强制执行命令和少年监禁决定;

(2)嗣后的没收决定(本法第100条第1款第2项);

(3)依据本法第103条第1款第2项结合第99条第2款,法院作出的裁判。

于本款第2项和第3项情形,抗告标的价值不超过250欧元的,上述规定方可适用。于其他情形,裁判不可撤销。

第十节 费　用

第一小节　行政机关的程序

第105条　费用的决定

1. 行政机关的程序费用按其含义适用《刑事诉讼法》第464条第1款和第2款、第464a条、第464c条,涉及手语翻译人的,按其含义适用《刑事诉讼法》第464d条、第465条、第466条、第467a条第1款和第2款、第469条第1款和第2款,以及第470条、第472b条和第473条第7款,对少年和青少年的程序适用《少年法院法》第74条。

2. 依据本条第1款结合《刑事诉讼法》第465条第2款、第467a条第1款和第2款以及第470条和第472b条,国家应垫付必要的费用,除法律另有规定外,联邦行政机关实施的程序由联邦财政负担,否则由州财政负担。

第106条　费用的确定

1. 参与人应向另一参与人偿还的费用和垫付款,依申请由行政机关确定。依申请时应宣布,确定的费用和垫付款自提出申请时起,准用《民事诉讼法》第104条第1款第2句计算利息。申请时应一并提交申请人所产生费用的计算说明、用以通知其他参与人的副本以及各项费用正当支出的凭证。对费用的考虑以其支出合理即可。律师垫付的邮寄费和电信服务费,律师保证确曾垫付即可。

2. 确定费用决定的强制执行,按其含义适用《民事诉讼法》有关规定。确定费用决定不可撤销后,强制执行方得允许。可执行的文本由本法第 68 条规定的管辖法院事务处证书制作人员提供。

第 107 条 手续费及垫付

1. 在行政机关的程序中,手续费按相对人被处以的罚款计算确定。依据本法第 30 条针对法人或人合组织作出的处罚,手续费按所处罚款计算收取。手续费按罚款数额百分之五收取,最低为 25 欧元,最高为 7500 欧元。

2. 行政机关依据《道路交通法》第 25a 条作出最终决定的,手续费为 20 欧元。

3. 垫付项目包括:

(1) 电报费。

(2) 对通过附带送达证明、带回执的挂号邮件或通过行政机关公职人员进行的文件送达,收取 3.5 欧元。

(3)(已废止)

(4) 公告费的垫付;电子信息和通信系统中的公告,费用不是以个别事件或个别程序计算的,不收取。

(5) 即使出于互惠、简化行政或与此相当的理由不收费,但依据《司法报酬及司法补偿法》所支出的费用仍要收取;依据《司法报酬及司法补偿法》第 1 条第 2 款第 2 句不收费的,则在若没有这一规定就应收费的情况下,收取费用;垫付款由不同法律事件产生的,费用适当分配于单个案件;为保障盲人或视力障碍者的权利聘请翻译人员(《法院组织法》第 191a 条第 1 款)以及依据《少年法院法》第 43 条第 2 款,对被告进行调查时聘请鉴定人所产生的垫付款不予收取,聘请手语翻译人员产生的垫付款仅在准用《刑事诉讼法》第 467c 条、第 467a 条第 1 款第 2 句并结合第 467 条第 2 款第 1 句时收取。

(6) 公职机关以外的业务收取下列垫付款:

a) 依规定给行政机关公职人员提供的款项(差旅费、垫付偿还款);

b) 准备场地的垫付款;

c) 使用公务机动车的,每行驶一公里收取 0.3 欧元。

垫付款由不同法律事件产生的,费用适当分配于单个案件。

(7) 应支付的律师费用。

(8) 运输人员的垫付款。

(9) 为贫困人员往返案件审理地、讯问地或调查地支付的费用,最高额为依据《司法报酬及司法补偿法》应支付给证人的数额。

(10) 为下列事项应向第三人支付的款项:

a) 除邮政业务外,对动物和物品的运输、对动物和物品的保管以及对动物的喂食;

b) 对场所和物品的调查或搜查,包括调查或搜查的准备措施;

c) 对船只和航空器的看守。

(11) 强制执行命令的支出费用。

(12) 依据《外国费用法》在职务机关协助范围内应支付的费用。

(13) 即使出于互惠、简化行政或与此相当的理由不收费,但仍应向国内机关支付的为履行机关自身职务而产生的手续费用,以及应向这些机关、公共机构及其职务人员支付的涉及本款第 1 项至第 11 项所称垫付款的偿还款;该垫付款以所指的最高额度为限。

(14) 即使出于互惠、简化行政或与此相当的理由不收费,但仍应收取国外机关、机构或人员应得的款项,以及与国外进行的机关职务协助和法律协助产生的支出费用。

4. 联邦行政机关作出罚款处罚决定的,关于因不正确处理物品而免除费用、其他费用的免除、费用的时效和偿还,应适用 1970 年 6 月 23 日颁布的《行政费用法》(《联邦法律公报》第一部分,第 821 页)至 2013 年 8 月 14 日的生效版本的第 14 条第 2 款以及第 19 条至第 21 条,否则适用相应的州法律规定。

5. 行政机关应向申请寄送卷宗者收取包括退件在内的每一次寄送垫付款,共 12 欧元。卷宗以电子形式制作并传送的,不收取费用。

第 108 条　法律救济和执行

1. 不服行政机关程序中的下列决定,允许依据本法第 62 条向法院申请裁判:

(1) 单独的费用决定;

(2) 确定费用的决定(本法第 106 条);

(3) 手续费和垫付款的估价。

于本款第 1 项和第 2 项情形,申请应在决定送达后二周内提出;于第 2 项所称情形,不服法院裁判,抗告标的价值超过 200 欧元的,允许立即提起抗告。

2. 对罚款处罚程序费用的执行准用本法第 89 条和第 90 条第 1 款。

第二小节　检察机关的程序

第 108a 条

1. 检察机关针对处罚决定提出异议,但在向法院提交卷宗前停止程序的,则由检察机关依据《刑事诉讼法》第 467a 条第 1 款和第 2 款规定作出裁判。

2. 不服检察机关作出的裁判,可以在送达后二周内提请法院裁判;本法第 50 条第 2 款以及第 52 条和第 62 条第 2 款予以准用。

3. 确定费用申请(《刑事诉讼法》第 464b 条第 1 句)由检察机关事务处证书制作人员决定。不服事务处证书制作人员决定提出异议的,由本法第 68 条所称管辖法院裁判。

第三小节　异议准许程序

第 109 条

1. 行政机关的以下决定:

(1) 驳回异议(本法第 69 条第 1 款)或

(2) 因延误异议提出期间而驳回恢复期间的申请,

按本法第 62 条规定的程序撤销的,这一程序的费用和垫付款也适用

《刑事诉讼法》第464条第1款和第2款有关终局裁判的规定。

2. 相对人不服罚款处罚决定提出的异议被驳回的(本法第70条、第74条第2款),还须承担因法院程序产生的费用。

第四小节 相对人的垫付

第109a条

1. 相对人在一项罚款处罚中被处以10欧元以下罚款,仅于事实或法律情况复杂,或因案件对相对人重要须聘请律师时,律师的费用和垫付款才属于必要的垫付款(《刑事诉讼法》第464a条第2款第2项)。

2. 相对人产生的垫付款,相对人及时提出减轻负担能解决的,国库不再承担。

第十一节 追诉措施的赔偿

第110条

1. 因罚款处罚程序中的追诉措施产生财产赔偿义务(《刑事追诉措施赔偿法》第8条),在罚款处罚程序结束时,由行政机关作出单独决定。

2. 不服决定的,允许于决定送达后二周内依据本法第62条提请法院裁判。不服法院裁判的,允许提出立即抗告。

3. 关于赔偿请求权(《刑事追诉措施赔偿法》第10条),于本条第1款情形,由行政机关决定。

4. 除法律另有规定外,赔偿义务(《刑事追诉措施赔偿法》第15条)于本条第1款情形,联邦行政机关实施程序的,由联邦承担,否则由州承担。

第十二节 程序中的卷宗处理及联络

第 110a 条 电子化方式处理卷宗；法规授权

1. 卷宗可以电子化方式处理。联邦政府和州政府在各自的职权范围内，通过法规对电子化方式处理卷宗的起始时间进行规定。联邦政府与州政府可以将卷宗电子化处理方式的采用，限制在个别法院或机关或特定的普通程序中，并规定以纸质形式建立的卷宗可以在电子化处理方式引入后继续以纸质形式处理；作为对限制可能的一种运用，法规可以规定，在对外公开的行政规定中可以对在何种程序中采用电子化处理方式进行规范。授权可以通过法规转移给联邦或州的主管部门。

2. 联邦政府和州政府在各自的职权范围内，通过法规，在电子化处理卷宗方面规定与组织和技术水平相匹配的技术框架条件，包括信息保护、数据安全和创造无障碍环境方面应遵守的要求。联邦政府和州政府可以将授权通过法规转移给联邦或州的主管部门。

3. 通过经联邦参议院同意的法规，联邦政府可以制定适用于政府机关和法院之间的电子化卷宗传送标准。不经联邦参议院的同意，联邦政府可以通过法规将授权转移给有管辖权的联邦政府部门。

4. 本节所称政府机关包括检察机关和行政机关，在履行罚款处罚程序职务范围内还包括执行机关和警察机关。

第 110b 条 电子化格式；法规授权

通过经联邦参议院同意的法规，联邦政府可以对采用电子化格式进行规定。法规可以规定，包含于该格式中的资料须能完全或部分地以结构化的、可机读的形式传送。这一格式须置于一个法规所规定的互联网通信平台以备使用。法规可以规定，格式使用者的识别不适用《刑事诉讼法》第 32a 条第 3 款的规定，而通过使用电子身份证明，依据《身份证件法》第 18 条、《电子身份证件法》第 12 条或《居留法》第 78

条第 5 款的规定实现。联邦政府可以不经联邦参议院同意,通过法规将该授权转移给有管辖权的联邦政府部门。

第 110c 条　《刑事诉讼法》关于程序中卷宗处理和联络规定的准用

《刑事诉讼法》第 32a 条、第 32b 条和第 32d 条至第 32f 条,以及以《刑事诉讼法》第 32a 条第 2 款第 2 句和第 4 款第 4 项、第 32b 条第 5 款和第 32f 条第 6 款为基础公布的法规规定予以准用。自动生成需签字的电子文件,不依据《刑事诉讼法》第 32b 条第 1 款第 2 句的规定在该文件上签字,而应在附随决定上签字。送交的文件包含附合格电子签名的附注,附注表明原始文件在内容上和图像上与收为卷宗的文件相一致的,原始文件无须依据《刑事诉讼法》第 32e 条第 4 款第 1 句储存和保管。

第三章　个别违反秩序的行为

第一节　违反国家命令

第 111 条　陈述不实姓名

1. 对有管辖权的机关、有管辖权的职务人员或有管辖权的联邦军队军人,不如实陈述或拒绝陈述自己的姓名、出生地或出生日期、婚姻状况、职业、居住地、住所或国籍的行为,违反秩序。

2. 行为人出于过失而不知上述机关、职务人员或军人有管辖权,其行为仍违反秩序。

3. 该违反秩序行为根据其他规定不处罚的,于本条第 1 款情形应处 1000 欧元以下罚款,于第 2 款情形应处 500 欧元以下罚款。

第 112 条　违反立法机关的房屋管理规定

1. 违反联邦立法机关或者州立法机关或其议长发布的关于进入立法机关建筑物或所属土地或关于在上述区域停留,或者关于建筑物或其所属土地安全和秩序的一般性或于个别情形下的命令的行为,违反秩序。

2. 对该违反秩序行为可处 5000 欧元以下罚款。

3. 本条第 1 款和第 2 款规定,在联邦立法机关或其议长发布命令时,既不适用于联邦议会成员,也不适用于联邦参议院和联邦政府成员及其代表,在州立法机关或其议长发布命令时,既不适用于该州立法机关成员,也不适用于该州政府及其代表。

第 113 条　未经许可的人群聚集

1. 参加公开聚集,或经有权机关或人员三次合法要求人群解散后仍未离开的,属违反秩序。

2. 行为人出于过失不知上述人员的解散要求合法,其行为仍违反秩序。

3. 该违反秩序行为,于本条第 1 款情形可处 1000 欧元以下罚款,于第 2 款情形可处 500 欧元以下罚款。

第 114 条　进入军事设施

1. 主管机关下令禁止进入军事设备或设施,或出于安全原因,为履行职责而封锁联邦军事基地的,故意或过失违反上述命令,属违反秩序。

2. 对该违反秩序行为可处罚款。

第 115 条　与关押人员来往

1. 无权却实施下列行为,属违反秩序:

(1) 向关押人员传送物品或消息或者为其传送的;

(2) 从执行机构外与身处执行机构中的关押人员用话语或暗号交流的。

2. 关押人员,系指基于刑事判决或暂时性逮捕而处于被机构关押状态的人。

3. 对该违反秩序行为或其未遂行为可处罚款。

第二节 违反公共秩序

第 116 条 公然要求实施违反秩序行为

1. 于集会或通过散播文字、声音或影像载体、数据储存器,图片或描述的方式,公然要求实施可处罚款的违反秩序行为的,属违反秩序。

2. 对该违反秩序行为可处罚款。罚款的最高限额,依所要求实施行为的罚款限额确定。

第 117 条 未经允许产生噪音

1. 未经合法允许或超过允许范围或依情况本可以避免但产生噪音,严重干扰公众或邻居或者损伤他人健康的,属违反秩序。

2. 依照其他规定对该行为可不予处罚的,可按违反秩序行为处 5000 欧元以下罚款。

第 118 条 干扰公众

1. 实施严重无礼行为干扰或威胁公众并妨碍公共秩序的,属违反秩序。

2. 依照其他规定对该行为可不予处罚的,可按违反秩序行为处以罚款。

第 119 条 严重有伤风化的骚扰行为

1. 下列行为违反秩序:

(1) 公开以骚扰方式,或

(2) 以严重骚扰方式,通过散播文字、声音或影像载体、数据储存器,图片或描述或公开获取储存数据的途径,提供、发布、煽动进行性行为的机会,或公布此类内容说明。

2. 以本法第 1 款所称方式,提供、发布、煽动进行性行为所使用的工具或物品,或公布此类内容说明,也属违反秩序。

3. 此外,公然以文字、声音或影像载体、数据储存器,图片或描述的方式,于严重有伤风化效果的场所,陈列、张贴、展示性相关内容,或提供获取该内容的途径,也属违反秩序。

4. 对本条第 1 款第 1 项的违反秩序行为可处 1000 欧元以下罚款,于其他情形可处 10000 欧元以下罚款。

第 120 条　被禁止的卖淫行为

1. 法律规定在特定地区完全禁止卖淫行为,或特定时间内禁止从事卖淫行为,违反上述禁令,属违反秩序。

2. 对该违反秩序行为可处罚款。

第 121 条　拥有危险动物

1. 故意或过失从事下列行为,属违反秩序:

(1) 让野外生存的危险动物或恶性动物自由走动的;

(2) 负有照管上述动物责任者,疏于采取必要预防措施防止动物造成伤害的。

2. 对该违反秩序行为可处罚款。

第 122 条　酩酊醉酒

1. 故意或过失通过酒精饮品或其他致醉方式,将自己置于醉酒状态,若其在此种状态下实施应处罚款的行为,但因醉酒此行为不可责难或因不能排除未对其处罚的,属违反秩序。

2. 对该违反秩序行为可处罚款。罚款数额不得超过醉酒状态下实施行为所应处的罚款数额。

第 123 条　没收、损毁

1. 涉及本法第 119 条所称物品,可没收。

2. 在没收本法第 119 条第 1 款和第 2 款所称文字、声音或影像载体、数据储存器,图片或描述时,该物品以及本款第 2 项所称物品为行为人所占有,或替他人实施行为时为他人占有,或由上述人员准备散播的,可以作出下列命令:

(1) 对所有涉及的物品予以没收。

(2) 为制作上述物品而使用的或准备的特定设备,如印版、模型、排版、印刷模版、底片或蜡版,予以损毁。此项命令仅在为阻止本法第119条第1款或第2款规定的应处罚款行为必要时可作出。没收准用第27条第2款,损毁准用第27条和第28条。

3. 于本法第119条第2款情形,本条第1款和第2款仅适用于宣传材料及其用以制作该材料所使用或准备的设备。

第三节 滥用国家标志或者受国家保护的标志

第124条 使用徽章或旗帜

1. 无权却实施下列行为,违反秩序:

(1) 使用联邦或州的徽章或联邦国徽或州徽章的相应部分;

(2) 使用联邦或州的旗帜。

2. 使用与本条第1款所称徽章、徽章部分和旗帜相似而与其相混淆的标识亦同。

3. 对该违反秩序行为可处罚款。

第125条 使用红十字或瑞士徽章

1. 无权却使用白底红十字的标志或"红十字"或"日内瓦十字"名称,违反秩序。

2. 无权却使用瑞士联邦徽章,也属违反秩序。

3. 使用与本条第1款和第2款所称徽章、徽章部分和旗帜相似而与其相混淆的标识亦同。

4. 依据国际法与白底红十字标志或"红十字"名称等同的标志或名称,准用本条第1款和第3款。

5. 对该违反秩序行为可处罚款。

第126条 滥用职业服装或职业标志

1. 无权却实施下列行为,违反秩序:

(1) 身着职业服装,或佩戴经国内认可或准许的医院或福利院工作的职业标志;

(2) 身着或佩戴教会或其他公法上认可的宗教团体的职业服装或职业标志。

2. 身着或佩戴与本条第 1 款所称服装或标志相似而与其相混淆的服装或标志亦同。

3. 对该违反秩序行为可处罚款。

第 127 条　制作或使用伪造货币或文书可能使用的物品

1. 不具有主管机关或其他有权机关的书面许可却制作、为自己或他人获得、准备出售、保存、转让给他人、进口或出口下列物品，违反秩序：

（1）印版、模型、排版、印刷模版、底片、蜡版、电脑程序或相似设备，依其性质用于制作下列物品：

a) 货币、与其相同的有价证券(《刑法典》第 151 条)、官方有价证券、《刑法典》第 152a 条第 4 款规定意义上的支付卡、支票、汇票、《刑法典》第 152b 条第 4 款规定意义上的附有担保功能的支付卡或事先印好的欧洲通用支票；

b) 公文书或认证标志。

（2）事先印好的公文书或认证标志。

（3）与指定制作本款第 1 项或第 2 项所称证券且为防止伪造而特别保护的纸张相同或相似而与其相混淆的纸张。

（4）全息图或其他保护本款第 1 项第 1 小项所称物品不受伪造的组成部分。

2. 行为人出于过失没有认识到其没有主管机关或其他有权机关的书面许可，仍属违反秩序。

3. 本条第 1 款还适用于国外货币区域的货币、有价证券、有价票券、文书、认证标志,《刑法典》第 152a 条第 4 款规定意义上的支付卡、支票、汇票,《刑法典》第 152b 条第 4 款规定意义上的附有担保功能的支付卡以及事先印好的欧洲通用支票。

4. 于本条第 1 款情形可处 1000 欧元以下罚款,于第 2 款情形可处 5000 欧元以下罚款。

第 128 条 制作或散播与纸币相似的印刷品或图片

1. 下列行为违反秩序：

(1) 制作或散播具有下列特性的印刷品或图片：

a) 在以纸币或与其相当的有价证券(《刑法典》第 151 条)进行的支付往来中能够与其相混淆；

b) 为制作此类具有混淆作用的纸张所使用。

(2) 印版、模型、排版、印刷模版、底片、蜡版、电脑程序或相似设备，依其性质用于制作、为自己或他人获得、准备出售、保存、转让给他人、进口或出口本款第 1 项所称印刷品或图片。

2. 行为人出于过失而不知上述物品具有本条第 1 款第 1 项意义上的能够混淆或制作的特性，仍属违反秩序。

3. 本条第 1 款规定还适用于国外货币区域的纸币和有价证券。

4. 对该违反秩序行为，于本条第 1 款的情形可处 1000 欧元以下罚款，于第 2 款的情形可处 5000 欧元以下罚款。

第 129 条 没收

对本条第 124 条、第 126 条至第 128 条规定的违反秩序行为所涉及的物品，可没收。

第四节 违反营业和企业的监管义务

第 130 条

1. 营业或企业所有人，故意或过失疏于采取必要的监管措施，以防止营业或企业所有人违反应承担的、如有违反应受刑事处罚或罚款处罚的义务，实施相应监管本可以在很大程度上阻止某一上述违反义务行为，却未实施的，属违反秩序。必要的监管措施还包括委任、谨慎挑选和监督监管人员。

2. 本条第 1 款意义上的营业或企业还包括公共企业。

3. 违反义务行为应受刑事处罚的,对该违反秩序行为可处 100 万欧元以下罚款。本法第 30 条第 2 款第 3 句予以适用。违反义务行为应受罚款处罚的,违反监管义务罚款的最高数额以因违反义务行为而处以罚款的最高额度确定。对应处罚款的违反义务行为,其罚款最高数额不超过本款第 1 句规定的最高数额的,第 3 句还适用于应同时处以刑事处罚和罚款的违反义务行为。

第五节 共 同 规 定

第 131 条

1. 本法第 36 条第 1 款第 1 项规定意义上的行政机关是指:

(1) 于本法第 111 条的违反秩序情形:

a) 违反联邦议院或其议长命令的,为德国联邦议院主任;

b) 违反联邦参议院或其议长命令的,为德国参议院主任。

(2) 于本法第 114 条的违反秩序情形,为主管基础设施、环境保护和联邦军队服务事务的联邦局。

(3) 于本法第 124 条的违反秩序情形,涉及联邦徽章或旗帜的,为联邦内政部。

(4) 于本法第 127 条和第 128 条的违反秩序情形:

a) 涉及联邦有价证券或其特别财产的,为联邦金融服务监管机构;

b) 涉及货币或制作货币纸张的,为德意志联邦银行;

c) 涉及官方有价票券的,为职务范围是制作或发行有价票券的联邦部门。

本条第 1 句第 4 项第 1 小项和第 3 小项的规定,还适用于涉及国外货币区域相应有价证券或有价票券的违反秩序行为。本款第 1 句第 3 项和第 4 项第 3 小项的情形准用第 36 条第 3 款的规定。

2. 本法第 122 条和第 130 条规定的情形,对醉酒状态下实施行为或违反义务仅依申请或授权才能追诉的,对违反秩序行为仅依据申请或授权予以追诉。

3. 追诉本法第 116 条、第 122 条和第 130 条规定的违反秩序行为时,准用追诉该行为所要求的程序性规定,即追诉醉酒状态下实施的行为或违反义务行为须适用的程序性规定,或者于本法第 130 条情形,应受刑事处罚但仅予以罚款处罚所应适用的程序性规定。

第四章 结尾条款

第 132 条 对基本权利的限制

身体不受侵犯的基本权利(《基本法》第 2 条第 2 款第 1 句)、人身自由(《基本法》第 2 条第 2 款第 2 句)和住宅不受侵犯(《基本法》第 13 条)的权利,受本法规定的限制。

第 133 条 过渡条款

1. 相对人出席主审程序和缺席时的程序,依据寄出首次传唤相对人参加主审程序通知时的有效法律。

2. 法律救济的受理和准许,依据判决宣布时或裁定送至事务所时的有效法律。

3. 再审,依据向法院提交申请时的有效法律。

4. 行政机关程序的手续费用和垫付款,依据罚款处罚作出时的有效法律。

5. 对于 2002 年 10 月 1 日存在的档案,应自 2003 年 10 月 1 日起才能适用本法第 49c 条的规定。

6. 因处罚款而没收行为收益价值,该行为于 2017 年 7 月 1 日之前实施,于该日期之后裁判的,适用 2017 年 4 月 13 日版本的《刑法财产剥夺改革法》(《联邦法律公报》第一部分,第 872 页)第 29a 条的规定。在 2017 年 7 月 1 日前已作出关于补偿价值丧失裁判的,程序适用 2017 年 7 月 1 日前有效版本的第 29a 条的规定。

第 134 条 **《刑事案件电子档案处理和法律事务处理电子化促进法》的过渡条款；法规授权**

联邦政府和州政府可以于各自职权范围内通过法规规定，不同于《刑事诉讼法》第 32a 条的规定，自 2019 年 1 月 1 日或 2020 年 1 月 1 日起允许提交电子文件，2017 年 12 月 31 日生效版本中的第 110a 条规定至 2018 年 12 月 31 日或 2019 年 12 月 31 日继续适用。联邦政府和州政府可以将本款第 1 句所称授权通过法规命令转移给联邦或州的主管部门。

第 135 条 （已失效）

日本

导　读[①]

与中国通过《行政处罚法》对行政处罚的种类、实施程序等进行专门规定不同，日本在行政处罚制度设计中采用了分散的立法模式，将各类行政处罚及其实施程序通过不同的立法予以规范。为了便于理解，这里根据中国《行政处罚法》的立法逻辑体系，按照自由罚、财产罚、行为罚、申诫罚、行政处罚实施程序的顺序对日本行政处罚制度进行介绍，并附上日本《轻犯罪法》的译文供参考。

一、自由罚与轻犯罪

严格来说，日本当前行政法律体系中不存在限制人身自由的自由罚。日本在二战后制定的《日本国宪法》加强了对公民人身自由的保护，只有经过司法审判才能剥夺公民的人身自由。[②] 为适应该规定，日本在1948年废止了类似于中国《治安管理处罚法》的《警察犯处罚令》，代之以《轻犯罪法》，将违反治安管理秩序的行为认定为轻犯罪，通过严格的刑事诉讼程序起诉到法院进行处理。《轻犯罪法》在理论上属于刑法，但该法在内容上承袭了《警察犯处罚令》的内容，对属于行政管辖权范围内的社会治安违法行为实施惩戒，因此日本学界将

[①] 作者：王树良，男，1987年生，日本九州大学法学府法学硕士、日本早稻田大学法学研究科法学博士，南京财经大学法学院讲师。

[②] 参见《日本国宪法》第31条、第32条。

《轻犯罪法》所规定的处罚类型称为"行政刑罚",而将对未被列入《轻犯罪法》的违反行政治安管理秩序的违法行为实施的处罚称为"秩序罚"。[①] 日本学术语境中的"行政处罚"一般指对违反行政治安管理规范的处罚,即"行政刑罚"和"秩序罚"。

《轻犯罪法》是纯实体法,没有程序性规定,采用列举的方式规定了轻犯罪行为的类型,采用概括的方式规定了对轻犯罪行为的处罚方式。对轻犯罪行为的处罚方式只有拘留和罚金两种类型,拘留时间不超过30天。该法对各种轻犯罪行为具体实施哪一类处罚并没有详细规定,而是让裁决者根据情节进行判断。为了防止滥用处罚权,该法第5条专门规定,"适用本法时要注意不得对国民权利造成不当侵害,不得违背本法的目的滥用刑罚"。

另外,日本的《道路交通法》将超速、闯红灯等违反机动车使用规范的行为认定为刑事犯罪。但在20世纪60年代之后,随着机动车的普及,将使用机动车过程中发生的违法行为列为犯罪,不仅将众多普通公民变成了犯罪者,致使刑罚打击面过大,也导致大量案件涌入法院,使法院不堪重负。对此,日本从1968年开始实施交通反则通告制度。在该制度下,对于轻微的交通违法行为,警察不会立即提起刑事诉讼,而是先要求违法者在一定期限内缴纳规定数额的反则金。如果违法者按规定缴纳了反则金,则会被免于起诉;如果违法者不接受警察的反则金决定,则可以拒绝缴纳反则金,警察会将违法者起诉到法院,通过刑事诉讼程序由法院裁决。反则金制度在实践中将刑事处罚变成了行政处罚。

二、财产罚

《轻犯罪法》中的罚金(日语中称为"科料")制度和交通反则通告制度的实施过程中存在刑事司法机关的参与,从学术分类角度看属于

---

① 参见〔日〕盐野宏:《行政法 I》(第5版),有斐阁2009年版,第247—251页。

刑事处罚类型。日本在立法中还存在完全由行政机关自主决定实施的称为"过料"[①]的罚款类处罚。过料有三种类型,即"作为秩序罚的过料""作为执行罚的过料"和"作为惩戒罚的过料"。"作为秩序罚的过料"是日本当前使用最为广泛的一种罚款类型,是对轻微违反行政管理秩序行为实施的罚款。根据日本《地方自治法》的规定,各地方公共团体(相当于各地方政府)可以在地方自治条例(相当于地方立法)中设立 5 万日元以下的罚款规定。例如,一些地方公共团体会根据本地特色对在公共场所吸烟、乱扔垃圾的行为实施 1000—2000 日元的罚款。[②]"作为执行罚的过料"是指对不缴纳罚款行为实施一定金额的执行罚。不过,这种通过执行罚催促缴纳罚款的方式不是很有效,在立法中使用不多,当前日本只有《砂防法》第 36 条规定了执行罚。"作为惩戒罚的过料"是在司法或准司法活动中实施的惩戒手段。例如,在日本陪审员(日语中称为"裁判员")制度中,陪审员或陪审候补人员提供虚假信息或违反参加审判的义务时最多会被罚款 30 万日元。[③]

日本行政处罚中基本上没有没收违法所得的类型,"没收"一般作为刑事处罚中的附加刑使用。不过,日本在《独占禁止法》(相当于反垄断法)中设计了课征金制度,公正交易委员会(相当于反垄断机构)将企业违反《独占禁止法》实施垄断行为的违法获益以课征金的形式收缴,相当于没收违法所得。

另外,日本行政机关的行政强制执行权在二战后被极大削减,当前规定行政强制执行制度的法律只有一部《行政代执行法》,行政机关只能依据该法对违法建筑物等通过代履行的方式拆除,对于拒绝缴纳罚款者,一般只能依据《非诉案件程序法》申请法院通过民事强制执行

[①] 这里的"过"是指过错,"料"是指费用,"过料"从字面上可以理解为因实施过错行为而承担的费用,即罚款。
[②] 例如,东京都千代田区在 2002 年制定的《安全舒适的千代田区生活环境整备条例》规定,对在公共道路上吸烟和乱扔烟头的行为可以实施 2000 日元的罚款。
[③] 参见日本《陪审员参加刑事裁判法》第 111 条、第 112 条。

的方式强制其缴纳。

三、行为罚

日本行政法理论中狭义的行政处罚不包括撤销相关资格和许可证的行为罚,日本学界将这类处罚行为放在了一般行政处分的概念之下。日本的行政处分的概念与中国行政法理论中具体行政行为的概念相近,撤销相关资格和许可证等行政处分属于不利益行政处分,其实施方式和相关救济措施等都规定在《日本行政程序法》中。

四、申诫罚

日本行政法中的申诫罚以各种形式分散在各立法和实践中。由于没有统一的立法,申诫罚类型和实施方式各不相同,有的以正式行政处分的形式出现,如在《国家公务员法》中使用"口头注意""严重注意""训告"等形式对轻微违法违规的公务员实施警告处分。在生产经营领域,对于轻微违法经营者,行政机关会对其实施"改善命令"。"改善命令"类似于中国《行政处罚法》中责令改正或限期改正违法行为的规定。中国《行政处罚法》中一般是将责令改正或限期改正违法行为作为行政处罚的附加命令实施的,日本一般在不实施其他类型的处罚的情况下单独实施改善命令。

很多情况下,在日本申诫罚是以非正式的行政指导的形式出现的。例如,根据《警察法》[①]及相关解释的规定,当公民受到以跟踪等形式的骚扰向警察求助时,警察可以对骚扰者实施警告,但这里的警告属于行政指导。在涉及经营和环境保护的立法中也大量存在行政指导类规定,当执法机关发现经营者实施轻微违法行为时,会对其实施行政指导,要求其改正违法行为,并会向受指导者出具行政指导书。

---

① 参见日本《警察法》第79条。

这里的行政指导具有申诫罚的性质。

日本在社会行政管理实践中会将申诫罚与公布违法者的信息相结合实施声誉罚。例如，根据《交通运输法》和《客车运输业规则》的规定，[①]客车司机违反驾驶规则时（如开车过程中看手机等），地方运输局可以对经营者实施书面警告，并将该警告内容予以公布。

五、行政处罚程序

日本没有专门的行政处罚法，行政处罚被归属于不利益行政处分（行政行为）。《日本行政程序法》从第12条到第31条对不利益行政处分的实施进行了详细的规定。根据该法规定，行政主体对行政相对人实施不利益行政处分时，要依据具体的处分基准实施，处分基准要尽量明确、具体且必须予以公开。作出撤销行政许可或剥夺行政相对人资格或地位等对行政相对人的利益造成重大损害的行政处分时，要经过听证程序，行政相对人可以在听证过程中充分行使申辩的权利。对于不必实施听证的不利益行政处分，在实施中也要为相对人提供申辩的机会。另外，行政相对人对不利益行政处分不服时，可以通过行政复议或行政诉讼的方式获得救济。

---

① 参见日本《交通运输法》第27条第3项、《客车运输业规则》第38条第1项。

日本轻犯罪法

昭和二十三年(1948年)法律第三十九号

王树良 译

第一条 符合以下各款情况之一的,处拘留或罚金:

1. 无正当理由潜入无人看管的宅邸、建筑物或船舶的。

2. 无正当理由私自携带刀具、铁棒以及其他可能危害他人生命健康器具的。

3. 无正当理由私自携带万能钥匙、钢锉、玻璃刀等可以侵入他人住宅的工具的。

4. 有工作能力不工作且没有求职意愿、没有谋生手段和居住场所,游手好闲的。

5. 在公共会堂、剧场、饮食店、舞厅等公共娱乐场所中,或乘坐火车、电车、汽车、船舶、飞机等公共交通工具时,对他人实施粗暴言行的。

6. 无正当理由关闭别人设置的路标灯或者在街道和其他场所设置的灯火的。

7. 擅自在水路中停泊船只等阻碍水路交通的。

8. 在发生风灾、水灾、地震、火灾、交通事故或犯罪现场,拒绝听从公务人员和其他救助人员的指示而出入该场所,或者拒绝公务人员提出的协助要求的。

9. 违反安全规则,在建筑物、森林或其他易燃物附近生火,以及在汽油等易燃物附近用火的。

10. 违反安全规则,玩弄、使用枪支火药、锅炉等易爆物品的。

11. 违反安全规则,在不适当的场所投掷或发射可能对他人的人身或财产造成损害的物品的。

12. 无正当理由私放明显会对人畜造成伤害的犬类和其他鸟兽,或怠于看管而使其逃脱的。

13. 在购买火车、电车、汽车、船舶及其他公共交通工具的乘坐票以及剧场等演出票的排队过程中,通过使用粗暴的言行等进行威吓的方式插队,或扰乱队列秩序的。

14. 通过人声、乐器、收音机等制造噪音妨碍周边居民的安宁而不接受公务人员制止的。

15. 诈称拥有国内外公职、爵位、学位及其他法定称号,或者穿着佩戴不符合身份的法定勋章、徽章、制服或相似的服装的。

16. 向公务人员虚报犯罪或灾害事实的。

17. 进行典当或交换买卖旧物时,在登记本上提供虚假的姓名、住址、职业等相关信息的。

18. 明知在自己占有的场所中有需要扶助的老幼伤残或尸体,却不及时向公务人员报告的。

19. 无正当理由破坏有非正常死亡的尸体现场的。

20. 在公共场所中以引发他人不快的方式暴露出大腿或身体的其他部位的。

21. (已删除)。

22. 乞讨或者迫使他人乞讨的。

23. 无正当理由偷窥他人的住所、洗浴室、更衣室、厕所以及其他人们未正常穿衣的场所的。

24. 通过恶作剧的方式对公私仪式实施妨碍的。

25. 妨碍河流、沟渠等水路流通的。

26. 在街道、公园或其他公共场所随意吐痰、大小便或唆使别人实施该行为的。

27. 违反公共利益随意丢弃垃圾、鸟兽的尸体以及其他污染物或废弃物的。

28. 妨碍他人通行或者通过接近、跟踪他人等方式致其不安或困扰的。

29. 共谋对他人的人身实施侵害,并实施了预备行为的。

30. 利用犬类等动物对人畜进行威胁或惊走牛马的。

31. 通过恶作剧的方式对他人的业务实施妨碍的。

32. 无正当理由进入禁入的场所或他人田地的。

33. 随意在他人住宅或其他物品上张贴东西,随意移除或污损他人告示板等标示物的。

34. 在贩卖物品或提供服务时,使用欺诈或使人误解事实的广告的。

第二条　犯前条罪名的,可以根据情节轻重采免除刑罚或并处拘留和罚金。

第三条　教唆第1条犯罪或对其犯罪行为实施帮助的,参照正犯处罚。

第四条　适用本法时不得对国民权利造成不当侵害,不得违背本法的目的滥用刑罚。

附则　（略）

俄罗斯

导　读[①]

　　1917年11月7日,俄国在以列宁为首的布尔什维克党领导下发动了"十月革命",建立起世界上第一个社会主义国家,即俄罗斯社会主义联邦苏维埃共和国,简称"苏俄"。1918年7月10日,第五次全俄苏维埃代表大会审议通过了《俄罗斯社会主义联邦苏维埃共和国宪法(根本法)》,即1918年苏俄宪法。[②] 1918年苏俄宪法是俄罗斯联邦(苏联)历史上的第一部社会主义类型的宪法[③],也是世界宪法史上近代宪法和现代宪法界分的一个重要标志。伴随着俄罗斯联邦(苏联)社会主义类型宪法的颁布与实施,社会主义国家管理制度诞生并逐渐完善,导致社会主义行政违法理论研究的产生和发展。[④] 但是,社会主

[①]　作者:王圭宇,男,1985年生,郑州大学与俄罗斯圣彼得堡国立大学联合培养法学博士、郑州大学俄罗斯法律研究中心研究员、历史学博士后研究人员;刘向文,男,1943年生,苏联列宁格勒大学法学博士、郑州大学法学院教授、俄罗斯法律研究中心主任、研究员。

[②]　См.: Конституция (Основной Закон) Российской Социалистической Федеративной Советской Республики (Принята V Всероссийским съездом Советов в заседании от 10 июля 1918 года) // Приложение Конституции советской страны. Ю. С. Кукушкин, О. И. Чистяков. Очерк истории советской конституции. М.: Издательство политической литературы. С. 239—262.

[③]　从1917年"十月革命"胜利到1991年苏联解体,俄罗斯联邦(苏联)先后颁布了四部社会主义类型宪法,即1918年苏俄宪法、1924年苏联宪法、1936年苏联宪法、1977年苏联宪法。

[④]　1918年苏俄宪法和1924年苏联宪法颁布后,在20世纪20年代曾出版了艾利斯特拉托夫、阿纳诺夫、扎格利亚茨柯夫等撰写的行政法专著。1936年苏联宪法颁布后,在20世纪30—40年代曾出版了斯图捷尼金、阿纳诺夫等人撰写的高等学校教科书《行政法》。1977年苏联宪法颁布前后,在20世纪70—80年代曾出版了阿列欣、巴赫拉赫、瓦西里耶夫、马诺欣等人撰写的行政法专著和教科书。参见〔苏联〕В.М.马诺欣主编:《行政法》,黄道秀译,江平校,群众出版社1988年版,第68—71页。

义类型的行政违法法典一直到 20 世纪 80 年代才制定颁布。

一、《俄罗斯苏维埃联邦社会主义共和国行政违法法典》的结构与特点

1980 年 10 月 23 日,苏联最高苏维埃通过了苏联历史上第一个《苏维埃社会主义共和国联盟和各加盟共和国行政违法立法原则》。[①] 该行政违法立法原则共有四章内容,主要包括:第 1 章总则,规定了行政违法立法的任务、苏联和各加盟共和国在行政违法立法工作方面的职权划分等内容;第 2 章行政违法行为和行政责任,规定了行政违法行为的概念、行政处罚的种类、科处行政处罚的一般规则等内容;第 3 章审理行政违法案件的机关,规定了多元化的行政裁判制度;第 4 章行政违法案件的诉讼程序。应该说,《苏维埃社会主义共和国联盟和各加盟共和国行政违法立法原则》既为苏联组成中的各加盟共和国制定自己的行政违法法典提供了依据,同时其在体例上的结构也影响到了各加盟共和国的立法。1984 年 6 月 20 日,作为当时苏联的一个加盟共和国,俄罗斯联邦(当时的正式名称为"俄罗斯苏维埃联邦社会主义共和国"[②]最高苏维埃依照上述行政违法立法原则通过了本共和国的行政违法法典,即《俄罗斯苏维埃联邦社会主义共和国行政违法法典》。

[①] См.: Конституция (Основной Закон) Российской Социалистической Федеративной Советской Республики (Принята V Всероссийским съездом Советов в заседании от 10 июля 1918 года)// Приложение Конституции советской страны. Ю. С. Кукушкин, О. И. Чистяков. Очерк истории советской конституции. М.: Издательство политической литературы. С. 239—262. ОСНОВЫ ЗАКОНОДАТЕЛЬСТВА СОЮЗА ССР И СОЮЗНЫХ РЕСПУБЛИК ОБ АДМИНИСТРАТИВНЫХ ПРАВОНАРУШЕНИЯХ (приняты ВС СССР 23.10.1980), http://www.libussr.ru/doc_ussr/usr_10501.htm.

[②] 需要指出的是,1917 年"十月革命"胜利后,一直到 1936 年苏联宪法颁布前,俄罗斯的正式国名为"俄罗斯社会主义联邦苏维埃共和国"。1936 年苏联宪法颁布后,俄罗斯的正式国名为"俄罗斯苏维埃联邦社会主义共和国"。1991 年苏联解体之后,俄罗斯联邦独立。1993 年俄罗斯联邦宪法将其国名定为"俄罗斯联邦"或"俄罗斯",二者具有相同的含义。

《俄罗斯苏维埃联邦社会主义共和国行政违法法典》由5编32章组成。第1编为通则,它再现了1980年《苏维埃社会主义共和国联盟和各加盟共和国行政违法立法原则》第1章总则部分的规定。第2编行政违法行为和行政责任划分为"总则"和"分则"两个部分。"总则"由三章组成,分别为"行政违法行为和行政责任""行政处罚""科处行政处罚"。"分则"由十章(第5章至第14章)组成,罗列了十个领域的行政违法行为:侵犯公民权利和危害居民健康的行政违法行为;侵犯社会主义财产的行政违法行为;自然环境、历史文化古迹保护领域的行政违法行为;工业、热能和电能利用领域的行政违法行为;农业领域的行政违法行为,违反兽医—卫生防疫规则的行为;运输、公路事业和通信领域的行政违法行为;住宅公用事业和公用事业领域的行政违法行为;商业财务领域的行政违法行为;危害社会秩序的行政违法行为;危害法定管理秩序的行政违法行为。

《俄罗斯苏维埃联邦社会主义共和国行政违法法典》具有以下三个特点:第一,该法典是一部社会主义类型的行政违法法典。例如,该法典第1条就宣布,行政违法立法的任务,是"保卫苏联的社会制度,保护社会主义财产","加强社会主义法制","教育公民准确地和始终不渝地遵守苏联宪法、俄罗斯苏维埃联邦社会主义共和国宪法和苏维埃法律","尊重社会主义公共生活准则,诚实地履行自己对社会主义的义务和责任"。第二,该法典的首要任务是维护国家利益。作为社会主义类型的行政违法法典,该法典体现了国家优位的理念,在规定行政违法立法的任务时,都把保卫苏联的社会制度、保护社会主义财产摆在首要地位,其次才是维护公民的权利和自由,维护企业、机构和组织的权利和合法利益。第三,该法典是行政实体法和行政程序法的综合体。例如,该法典的第1编和第2编主要是行政实体法规范,而

第 3 编和第 5 编则主要是行政程序法规范。①

二、2001 年《俄罗斯联邦行政违法法典》的结构与特点

1991 年年底,苏联解体,俄罗斯联邦独立。独立之后的俄罗斯联邦开始踏上了社会转型与宪制改革之路。1993 年 12 月 12 日,俄罗斯联邦以全民公决形式通过了《俄罗斯联邦宪法》②,该宪法自 1993 年 12 月 25 日公布之日起生效。它不仅确认了苏联解体、俄罗斯联邦独立的事实,而且为把俄罗斯联邦建设成为一个资本主义宪政国家指明了前进的方向。在这种背景下,制定俄罗斯联邦新的行政违法法典就成为一种必然。概括起来,主要有两个重要因素:一是俄罗斯联邦国家性质和国家制度的改变要求制定与之相适应的行政违法法典;二是《俄罗斯苏维埃社会主义共和国联盟行政违法法典》虽经多次修改,但仍然存在众多的缺陷和问题。③

2001 年 12 月 30 日,时任俄罗斯联邦总统的普京签署联邦法律第 195 号总统令,批准了《俄罗斯联邦行政违法法典》④。这是俄罗斯联邦独立之后新制定的行政违法法典,也是其历史上的第二部行政违法法典。《俄罗斯联邦行政违法法典》不仅参考了《俄罗斯苏维埃联邦社会主义共和国行政违法法典》的体例结构,而且继承了后者 60%—70%的内容。当然,《俄罗斯联邦行政违法法典》在结构与内容方面也

---

① 关于《俄罗斯苏维埃联邦社会主义共和国行政违法法典》三个特点的详细论述,可以参见刘向文:《谈俄罗斯联邦行政违法法典的历史发展》,载《行政法学研究》2004 年第 4 期,第 117—118 页。

② См.: Конституции Российской Федерации от 25 декабря 1993 г. // Российскаягазета. 25 декабря 1993г.

③ 参见刘向文:《谈俄罗斯联邦行政违法法典的历史发展》,载《行政法学研究》2004 年第 4 期,第 118—119 页。

④ См.: Кодекс Российской Федерации об административных правонарушениях от 30 декабря 2001 г. N 195—ФЗ//Текст Кодекса Российской Федерации об административных правонарушениях опубликован в "Российской газете" от 31 декабря 2001 г. N 256, в Собрании законодательства Российской Федерации от 7 января 2002 г. N 1 (часть I) ст. 1, в "Парламентской газете" от 5 января 2002 г. N 2—5.

有新的发展。

(一) 在体例结构方面的特点

在法典结构方面,《俄罗斯联邦行政违法法典》与《俄罗斯苏维埃联邦社会主义共和国行政违法法典》区别不大。例如,《俄罗斯联邦行政违法法典》与《俄罗斯苏维埃联邦社会主义共和国行政违法法典》都由 5 编 32 章组成。又如,两部法典都有五个部分,即"总则""分则""被授权审理行政违法案件的主体""行政违法案件的诉讼程序""行政违法案件决议的执行"。

《俄罗斯联邦行政违法法典》与《俄罗斯苏维埃联邦社会主义共和国行政违法法典》的主要区别在于以下两个方面:一方面,《俄罗斯联邦行政违法法典》不设通则。《俄罗斯苏维埃联邦社会主义共和国行政违法法典》的第 1 编为通则,第 2 编行政违法行为和行政责任划分为"总则"和"分则"两个部分。《俄罗斯联邦行政违法法典》将结构进一步规范化了。它不设通则部分,仅设"总则"和"分则"。《俄罗斯联邦行政违法法典》的"总则"部分,既包含了《俄罗斯苏维埃联邦社会主义共和国行政违法法典》"通则"部分的内容,又包含了其"总则"部分的内容。这样一来,法典结构更加科学、严谨、合理。另一方面,《俄罗斯联邦行政违法法典》的各章条文仅按照本章顺序排列。这样既便于立法机关以后随时增加新的行政违法行为种类,又便于读者清楚地了解各章条文数。

(二) 在法典内容方面的特点

在法典内容方面,《俄罗斯联邦行政违法法典》继承了《俄罗斯苏维埃联邦社会主义共和国行政违法法典》的众多规定。两部行政违法法典在"总则"基本内容方面的主要区别如下:第一,行政违法法典的性质不同。《俄罗斯苏维埃联邦社会主义共和国行政违法法典》属于社会主义类型的行政违法法典;而《俄罗斯联邦行政违法法典》是依据俄罗斯联邦现行宪法制定的,其性质与前者截然不同。第二,增加行政违法法典原则。《俄罗斯联邦行政违法法典》在第 1 章标题中增加了行政违法立法原则方面的规定,包括:法律面前一律平等原则、无罪推定原则、对行政违法行为适用行政强制措施时的法制保障原则。第三,"行政违法行为"的概念不同。《俄罗斯联邦行政违法法典》对《俄罗斯苏维埃联邦社会主义共和国行政违法法典》提出的"行政违法行为"概念作出了重要修改补充。它规定:"自然人或法人违反法律的、有过错的并被本法典或《俄罗斯联邦主体行政违法法》规定了行政责任的行为(不作为),被视为行政违法行为。"据此,不仅自然人是行政违法行为的主体,法人也可以成为行政违法行为的主体。第四,行政处罚的目的和种类不同。两部行政违法法典在行政处罚的目的和种类方面有两大区别:(1)行政处罚的目的不同。《俄罗斯苏维埃联邦社会主义共和国行政违法法典》规定,行政处罚是责任措施,其适用的目的是用遵守苏维埃法律、尊重社会主义公共生活准则的精神教育实施行政违法行为的人,以及预防违法者本人和其他人实施新的违法行为。《俄罗斯联邦行政违法法典》在行政处罚目的中取消了具有意识形态色彩的部分,但增加了禁止性规范:"行政处罚的目的不应当是降低实施行政违法行为的自然人的人格或者造成其肉体上的痛苦,也不应当是给法人的业务声誉造成损害。"(2)行政处罚的种类不同。《俄罗斯联邦行政违法法典》继承了《俄罗斯苏维埃联邦社会主义共和国行政违法法典》在行政处罚种类方面的规定,但也有进一步的创新与发展。例如,《俄罗斯联邦行政违法法典》取消了一种责任措施("劳动改造"),增加了一种责任措施("取消资格")。

三、2001 年《俄罗斯联邦行政违法法典》的最新发展

由于目前俄罗斯联邦仍处于社会转型期,伴随着俄罗斯联邦行政法治实践的展开,截至 2020 年 7 月的最近一次修改,《俄罗斯联邦行政违法法典》迄今为止已经先后经历了百余次修改、补充与完善。在

这个过程中,《俄罗斯联邦行政违法法典》的修改、补充和完善主要集中在第2章"分则"和其他几编,第1章"总则"的内容保持了相对稳定性,但仍然有较大的发展。

(一)在行政违法立法的任务和原则方面

《俄罗斯联邦行政违法法典》第一章为"行政违法立法的任务和原则",其最新发展主要体现在:第一,增加规定了俄罗斯联邦主体在行政违法立法领域的管辖对象。根据2009年12月28日第380号联邦法律的规定,《俄罗斯联邦行政违法法典》增补了第1条之三第5款和第1条之三的内容,增加规定了俄罗斯联邦主体国家权力机关对本法典列举的行政违法案件的管辖范围。其中还特别规定了俄罗斯联邦地方自治机关依据本条第1款的规定或者接受委托制作行政违法行为笔录的内容。第二,丰富了法律面前一律平等原则。根据2016年7月3日第316号联邦法律的规定,《俄罗斯联邦行政违法法典》增补了第1条之四第3款的内容,对于追究从事企业家活动但没有成为法人的中小型企业的人员、法人及其经理和其他工作人员行政责任的特殊条件作了规定。第三,单独规定了行政违法立法的空间效力。《俄罗斯联邦行政违法法典》最初在第1条之七中合并规定了"行政违法立法的时间效力和空间效力"。根据2007年7月24日第210号联邦法律的规定,《俄罗斯联邦行政违法法典》增补了第1条之八的内容,设立新的单独条款规定了"行政违法立法的空间效力"。[①] 据此规定,实施行政违法行为的人,应当依照该法典或者《俄罗斯联邦主体行政违法法》承担责任(根据2011年12月6日第409号联邦法律修正);在俄罗斯联邦境外实施行政违法行为的人,在俄罗斯联邦国际条约和该法典有规定的情况下,应当承担行政责任(根据2016年3月9日第64号联邦法律修正);在俄罗斯联邦境外实施行政违法行为的法人,也应

---

① 与此同时,《俄罗斯联邦行政违法法典》第1条之七也作了相应的修改,不再规定"空间效力"的问题,而仅仅单独规定了"行政违法立法的时间效力"。

在特定情况下承担行政责任(根据 2016 年 3 月 9 日第 64 号联邦法律补充)。

(二)在行政违法行为和行政责任方面

《俄罗斯联邦行政违法法典》第 2 章为"行政违法行为和行政责任",其最新发展主要体现在:第一,完善了第 2 条之五的规定,将其修改为"军人、应召进行军事集训的公民以及具有专业衔级的人员的行政责任"。根据 2020 年 6 月 8 日第 174 号联邦法律的规定,《俄罗斯联邦行政违法法典》第 2 条之五第 1 款规定:"现役军人、应召进行军事集训的公民,以及具有专业衔级的俄罗斯联邦侦查委员会、内务机关、国家近卫军、刑事执行机关、强制执行机关、国家消防部门、税务机关的工作人员,依照规定上述机关工作人员兵役(服务)及其地位的俄罗斯联邦法律和其他规范性法律文件,对行政违法行为承担纪律责任。"第二,完善了第 2 条之六的规定。根据 2016 年 3 月 9 日第 64 号联邦法律的规定,《俄罗斯联邦行政违法法典》增补了第 2 条之六第 2 款的内容:"外国法人在俄罗斯联邦境外实施的、本法典第 19 条之二十八规定的或者有悖于俄罗斯联邦利益的行政违法行为,应当依照一般规定承担行政责任。"第三,新增两个条款,分别规定了两类特殊主体的行政责任。(1)根据 2007 年 7 月 24 日第 210 号联邦法律的规定,《俄罗斯联邦行政违法法典》增补了第 2 条之六的内容,针对道路交通领域和俄罗斯联邦主体法律规定的借助于运输工具实施的辖区公用事业管理领域的行政违法行为,增加规定了"交通工具所有者(占有者)的行政责任"。(2)根据 2012 年 7 月 28 日第 133 号联邦法律的规定,《俄罗斯联邦行政违法法典》增补了第 2 条之六的内容,针对俄罗斯联邦主体法律规定的借助于运输工具实施的辖区公用事业管理领域的行政违法行为,明确规定了"地块或者其他不动产客体的所有者或者其他占有者的行政责任",即:"具有拍照、摄影和录像功能的专门技术设备或者拍照、摄影和录像设备在自动工作状态下记录的,地块或者其他不动产客体的所有者或者其他占有者由于维护、开发、转移、改造或者破坏土地改良设施客体而实施的行政违法行为,应当承担行政责任。"第四,增加了对法人的独立执行机构作出处罚的规定。根据2009年2月9日第9号联邦法律的规定,《俄罗斯联邦行政违法法典》增补了第2条之十第9款的内容,对法人的独立执行机构实施的行政违法行为,在核准的范围内作出行政处罚。

(三) 在行政处罚方面

《俄罗斯联邦行政违法法典》第三章为"行政处罚",其最新发展主要体现在:第一,行政处罚的种类有较大发展。《俄罗斯联邦行政违法法典》第3条之二第1款规定了八种行政处罚。但是,自2011年7月1日开始,"有偿没收实施行政违法行为的工具或行政违法对象"这种形式的行政处罚被废止,不再适用。同时,《俄罗斯联邦行政违法法典》第3条之二第1款又先后增加了三种行政处罚的种类,包括:"行政暂停活动""义务性劳动"(根据2012年6月8日第65号联邦法律补充)和"从官方体育竞赛举行之日起行政禁止参观比赛场所"(根据2013年7月23日第192号联邦法律补充)。第二,根据行政处罚种类的变化,第3条之三有关"主要的行政处罚和附加的行政处罚"的适用规定得以进一步完善。例如,根据2015年3月8日第35号联邦法律的规定,《俄罗斯联邦行政违法法典》第3条之三第1款增加规定:"剥夺赋予自然人的除了运输工具驾驶权证件以外的专门权利、行政暂停活动和义务性劳动,仅可以作为主要的行政处罚设定和适用。"又如,《俄罗斯联邦行政违法法典》第3条之三第2款增加规定:"剥夺运输工具驾驶权证件的专门权利、从官方体育竞赛举行之日起行政禁止参观比赛场所,既可以作为主要的行政处罚,也可以作为附加的行政处罚设定和适用。"第三,完善了原有的各种形式的行政处罚的内容。例如,对于"训诫"①这种形式的行政处罚,根据2010年7月27日第239号联邦法律的规定,《俄罗斯联邦行政违法法典》第3条之四增补了第2款的内容,增加规定对于首次实施的且没有造成人的生命、健康伤害的威胁或者没有造成财产损失的行政违法行为,可以给予训诫这种形式的行政处罚。又如,对于"行政罚款"这种形式的行政处罚,根据2007年6月22日第16号联邦法律的规定,《俄罗斯联邦行政违法法典》第3条之五第1款详细规定了对公民、公职人员或者法人作出行政罚款的标准,即根据公民实施的行政违法行为的不同情形,可以分别给予5000卢布至30万卢布不等的行政罚款,但最多不得超过50万卢布;对于公职人员实施的行政违法行为的不同情形,可以分别给予10万卢布至80万卢布不等的行政罚款,但最多不得超过100万卢布;对于法人实施的行政违法行为的不同情形,可以分别给予100万卢布至600万卢布的行政罚款,但最多不得超过6000万卢布。不仅如此,《俄罗斯联邦行政违法法典》还增补了第3条之五第6款,规定了行政罚款适用的例外情形,即对于应召服兵役的中士、军士、士兵和水兵,不适用于行政罚款;对于军事专业教育组织和高等教育军事院校的学员,在签订的兵役合同终止之前,也不适用行政罚款。第四,增补了三个条款,分别规定了"行政暂停活动"②(第3条之十二)、"义务性劳动"③(第3条之十三)和"从官方体育竞赛举行之日起行政禁止参观比赛场所"④(第3条之十四)三种形式的行政处罚。需要指出的是,

---

① 《俄罗斯联邦行政违法法典》中使用的俄语单词是"предупреждение"。根据俄语单词"предупреждение"的含义,既可以将其翻译为"训诫",也可以将其翻译为"警告"。
② 例如,对于从事企业家活动但没有成为法人的中小型企业、法人及其分支机构、代表处、生产部门等活动的暂时性停止,就属于这里的"行政暂停活动"。行政暂停活动的期限,最长可以达90天。
③ "义务性劳动"指的是实施了行政违法行为的自然人,在自己的基本工作、服务和学习之外,自愿地从事对社会有益的无偿劳动。
④ 这种形式的行政处罚,主要是临时禁止公民在官方体育比赛之日参观此类场所,目的是防范观众实施的违反官方体育赛事的违法行为,该行政禁令的期限为6个月至7年。

以上三种形式的行政处罚,由法官决定。

(四)在科处行政处罚方面

《俄罗斯联邦行政违法法典》第四章为"科处行政处罚",其最新发展主要体现在:第一,增加新的条款,单独规定了以"行政罚款"的行政处罚形式代替"训诫"的内容。根据2007年6月22日第16号联邦法律的规定,《俄罗斯联邦行政违法法典》增补了第4条之一的内容,其第1款规定,在本法典第二编相应条款或者《俄罗斯联邦主体行政违法法》当中没有规定训诫这种行政处罚形式的情况下,行政罚款可以代替适用于从事企业家活动但未成立法人的中小型企业或者法人;此外,其第2款还规定了不得以行政罚款代替训诫的法定情形。第二,增加新的条款,单独规定了"期间的计算"。根据2011年12月6日第409号联邦法律的规定,《俄罗斯联邦行政违法法典》增补了第4条之八的内容,规定了该法典中有关期间的计算问题。例如,该条第1款规定:"本法典所称的期间按照小时、日、月、年计算。无论是法定期间还是约定期间,期间开始的当天都不计算在内,而是以此日开始计算。"不仅如此,第4条之八还增补了"注释",明确规定:"本条关于期间的计算的规定,不适用于本法典其他条款规定了另外的计算期间的方式的情况,也不适用于行政处罚条款对于计算期间已有规定的情况。"第三,进一步完善了"减轻行政责任的情节"和"加重行政责任的情节"的相关规定。根据2011年12月6日第404号联邦法律的规定,《俄罗斯联邦行政违法法典》第4条之二第1款规定的"减轻行政责任的情节"由将原来的五种增加至十种。与此同时,总结行政法治的实践经验,《俄罗斯联邦行政违法法典》第4条之三第1款也进一步完善了"加重行政责任的情节",主要完善了第二种和第六种情形。

最后,需要指出的是,伴随着《俄罗斯联邦行政违法法典》在颁布实施之后多达百余次的修改、补充和完善,《俄罗斯联邦行政违法法典》"总则"的内容在保持相对稳定性的同时,也更加适应行政法治实践的需要。特别是在 2015 年 3 月 8 日,时任俄罗斯联邦总统的普京签署了第 21 号联邦法律的命令并批准了《俄罗斯联邦行政诉讼程序法典》[①]。这有力地推动了《俄罗斯联邦行政违法法典》的贯彻落实,有利于俄罗斯联邦行政法治实践的进一步发展与完善。

[①] Кодекс административного судопроизводства Российской Федерации от 8 марта 2015 г. No 21—ФЗ (с изменениями и дополнениямии),https://base. garant. ru/70885220/.

俄罗斯联邦行政违法法典[①](节译)

刘向文 译

目 录

第一编 总则

第一章 行政违法立法的任务和原则(第1条之一——第1条之七)

第二章 行政违法行为和行政责任(第2条之一——第2条之十)

第三章 行政处罚(第3条之一——第3条之十一)

第四章 科处行政处罚(第4条之一——第4条之七)

---

① 《俄罗斯联邦行政违法法典》由国家杜马于2001年12月20日通过,联邦委员会于2001年12月26日赞成,俄罗斯联邦总统普京于2001年12月30日签署联邦法律第196号令批准。

本部分摘录的译文出自郑州大学俄罗斯法律研究中心主任刘向文教授在2001年12月30日《俄罗斯联邦行政违法法典》批准实施之后首先在国内翻译的文本。

第一编 总 则

第一章 行政违法立法的任务和原则

第一条之一 行政违法立法

1. 行政违法立法由本法典和依据本法典通过的俄罗斯联邦主体行政违法法组成。

2. 本法典以俄罗斯联邦宪法,公认的国际法、国际条约的原则和准则为依据。如果俄罗斯联邦签署的国际条约规定了行政违法立法未加以规定的其他规则,那么适用国际条约的规则。

第一条之二 行政违法立法的任务

行政违法立法的任务是:保护个人,保护人和公民的权利与自由,保护公民的健康、居民的卫生防疫安全,维护公共道德,保护环境,维护行使国家权力的法定程序,维护社会秩序和公共安全,保护财产,保护自然人的、法人的、社会的和国家的合法的经济利益以免受行政违法行为的侵害以及预防行政违法行为。

第一条之三 俄罗斯联邦在行政违法立法领域的管辖对象

1. 在行政违法立法领域,下列事项属于俄罗斯联邦管辖:

(1) 法人有代表权的机构或此类机构的成员;

(2) 行政处罚的种类及其适用规则;

(3) 在全联邦性问题上的行政责任,其中包括由于违反联邦法律和俄罗斯联邦其他规范性法律文件所规定规则和准则的行政责任;

(4) 行政违法案件的诉讼程序,其中包括行政违法案件诉讼保全措施的规定;

(5) 行政处罚决议的执行程序。

2. 本法典依照司法体系立法的规定,确定法院对行政违法案件的管辖范围。

3. 本法典依照未成年人权利保护立法的规定,确定未成年人事务和未成年人权利保护委员会对行政违法案件的管辖范围。

4. 本法典按照联邦执行权力机关的现行机构,确定各联邦执行权力机关对本法典列举的行政违法案件的管辖范围。

第一条之四　法律面前一律平等原则

1. 实施了行政违法行为的人在法律面前一律平等。自然人不分性别、种族、民族、语言、家庭出身、财产状况和职务状况、居住地点、宗教信仰、政治信仰、社会联合组织属性以及其他情况,均应当承担行政责任。法人不分住所、组织法律形式、隶属关系以及其他情况,均应当承担行政责任。

2. 对履行一定国家职能的公职人员(代表、法官、检察长等)的行政违法案件适用诉讼保全措施的特殊条件和追究其行政责任的特殊条件,由俄罗斯联邦宪法和联邦法律加以规定。

第一条之五　无罪推定

1. 只有实施了行政违法行为,并在该行政违法行为中确定了其过错的人,才应当承担行政责任。

2. 被提起行政违法诉讼的人①,在其过错未经本法典规定的程序所证实,并未被审理案件的法官、机关、公职人员的已发生法律效力的决议所确认之前,均被视为无过错的人。

3. 被追究行政责任的人,没有证明自己过错的义务,但是本条注释规定的情形除外。

4. 无法排除的有过错的怀疑,应当作出有利于被追究行政责任者的解释。

第一条之六　对行政违法行为适用行政强制措施时的法制保障

1. 除非依照法律规定的根据和程序,被追究行政责任的人不受

---

① 译者注:被提起行政违法诉讼的人,在我国行政诉讼法中为行政诉讼被告人。

行政处罚,也不得被适用行政违法案件的诉讼保全措施。

2. 被授权的机关或公职人员得在其职权范围内并依照法律的规定,适用行政处罚,采取行政违法案件的诉讼保全措施。

3. 在适用行政强制措施时,禁止作出降低人格尊严的决定和行为(不作为)。

第一条之七　行政违法立法的时间效力和空间效力

1. 实施行政违法行为的人应当依照行政违法行为实施时施行的法律承担责任。

2. 减轻、撤销行政违法行为的行政责任,或者以其他方式改善行政违法行为人状况的法律,有溯及既往的效力,即适用于在该法生效之前实施行政违法行为的人。规定或加重行政法行为的行政责任,或者以其他方式恶化行政违法行为人状况的法律,没有溯及既往的效力。

3. 行政违法案件的诉讼程序,依照案件审理时生效的法律进行。

第二章　行政违法行为和行政责任

第二条之一　行政违法行为

1. 自然人或法人违反法律的、有过错的并被本法典或俄罗斯联邦主体行政违法法规定了行政责任的行为(不作为),被视为行政违法行为。

2. 本法典或俄罗斯联邦主体行政违法法对违反某些规则和准则的行为规定了行政责任。如果查明法人有遵守此类规则和准则的条件,而没有采取其力所能及的遵守措施,那么该法人被视为在实施行政违法行为方面有过错的法人。

3. 对法人作出行政处罚,不得导致免除在该行政违法行为中有过错的自然人的行政责任。

第二条之二　过错的形式

1. 如果实施行政违法行为的人意识到自己行为(不作为)的违法性,预见到其危害的后果并希望这种后果发生,或者有意识地放任这种后果发生或对这种后果采取麻木不仁的态度,这样的行政违法行为被视为故意实施的行政违法行为。

2. 如果实施行政违法行为的人预见到自己的行为(不作为)可能发生危害后果,但没有足够理由地轻信可以防止这种后果的发生,或者本来应该预见到和可以预见到自己的行为(不作为)可能发生危害后果却未预见到这种后果,这样的行政违法行为被视为因过失实施的行政违法行为。

第二条之三　开始承担行政责任的年龄

1. 在实施行政违法行为前年满十六周岁的人,应当承担行政责任。

2. 考虑到案件的具体情节和十六周岁以上十八周岁以下的行政违法行为人的身份,未成年人事务和保护未成年人权利委员会可以免除其行政责任,但应当对其适用联邦保护未成年人权利立法规定的感化措施。

第二条之四　公职人员的行政责任

公职人员因不履行自己的职责或没有认真履行自己的职责而实施了行政违法行为的,应当承担行政责任。

第二条之五　军人及对其适用纪律规章的其他人员的行政责任

现役军人及应召进行预备役军人短期集训的公民,依照各种纪律规章对行政违法行为承担责任。内务机关、刑事执行机关、联邦税务警察机关和海关机关的工作人员依照规定上述机关服役程序的规范性法律文件,对行政违法行为承担行政责任。检察长、侦查员、调查人员、实施行政违法案件诉讼的公职人员、各种纪律规章或专门的纪律条例对其适用的人员,对违反选举和公决立法、违反居民卫生防疫安全保障立法的行为,对违反交通规则、违反服役地之外消防安全规则的要求,违反自然环境保护立法的行为,对违反俄罗斯联邦海关规则和国界制度的规则、违反边境制度、违反俄罗斯联邦国境口岸制度的行为,以及对税收、收费和金融领域的行政违法行为,对不履行自己的法定职责要求的行为,依照一般规定承担行政责任。对上述人员不得适用以行政拘留为形式的行政处罚,而对应召服兵役的军人不得适用以行政罚款为形式的行政处罚。

第二条之六 外国公民、无国籍人和外国法人的行政责任

1. 在俄罗斯联邦领土上实施了行政违法行为的外国公民、无国籍人和外国法人,应当依照一般规定承担行政责任。

2. 外国公民、无国籍人和外国法人在大陆架、俄罗斯联邦专属经济区内实施本法典第8条之十七至第8条之二十、第19条之四第2款规定的行政违法行为,应当依照一般规定承担行政责任。

3. 按照联邦法律和俄罗斯联邦国际条约的规定,享有俄罗斯联邦行政司法豁免权的外国公民,在俄罗斯联邦领土上实施行政违法行为的行政责任问题,依照国际法准则加以解决。

第二条之七 紧急避险

在紧急避险的情况下,即为了排除直接威胁本人或他人人身和权利的危险,一个人对受法律保护的利益以及受法律保护的社会或国家的利益造成了损害,如果该危险不可能用其他手段消除,而且对上述利益造成的损害又小于所避免的损害,则不是行政违法行为。

第二条之八 无责任能力

在实施违法行为(不作为)时处于无责任能力状态,即由于患慢性病、暂时性精神失常、痴呆症或其他心理病态,不能意识到自己行为(不作为)的实际性质和违法性,或者不能控制自己行为的自然人,不承担行政责任。

第二条之九 在发生轻微行政违法行为时可以免除行政责任

在实施的行政违法行为轻微时,被授权解决行政违法案件的法官、机关公职人员可以免除行政违法行为人的行政责任,只给予口头训诫。

第二条之十 法人的行政责任

1. 在本法典第 2 编①条款或俄罗斯联邦主体行政违法法规定的

---

① 译者注:"本法典第 2 编"指的是《俄罗斯联邦行政违法法典》第 2 编分则的内容,是对俄罗斯联邦各个领域的各种行政违法行为的明确规定。

情况下,法人应当为其实施的行政违法行为承担行政责任。

2. 在本法典第 1 编、第 3 编、第 4 编、第 5 编条款未指明其规定的规范仅适用于自然人或仅适用于法人的情况下,上述规范不论对自然人,还是对法人同等适用。但是,上述规范按其涵义仅与自然人有关,只能适用于自然人的情况例外。

3. 对几个法人合并时实施的行政违法行为,应当追究新成立法人的行政责任。

4. 对把一个法人并入其他法人时实施的行政违法行为,应当追究合并后法人的行政责任。

5. 对法人分立时或从一个法人中分出一个或几个法人时实施的行政违法行为,应当追究下述法人的行政责任:按照分家的资产负债表的规定,已签署合同或已将财产方面的权利义务转让给该法人,而恰恰因为上述合同或财产实施了行政违法行为的法人。

6. 对把一种法人改组为另一种法人时实施的行政违法行为,应当追究新成立法人的行政责任。

7. 在本条第 3 款至第 6 款规定的情况下,不论被追究行政责任的法人在改组完成前是否了解行政违法事实,均应当因行政违法行为的实施承担行政责任。

8. 依照本法典第 3 条之二第 1 款第 2 项至第 4 项的规定对法人改组完成前实施的行政违法行为作出行政处罚时,应当考虑到本条第 3 款至第 6 款规定的情况。

第三章 行政处罚

第三条之一 行政处罚的目的

1. 行政处罚是国家针对行政违法行为规定的责任措施,其适用的目的是为了预防违法者本人和其他人实施新的违法行为。

2. 行政处罚的目的不应当是降低实施行政违法行为的自然人的人格或者造成其肉体上的痛苦,也不应当是给法人的业务声誉造成损害。

第三条之二　行政处罚的种类

1. 对行政违法行为可以设定和适用下述行政处罚:

(1) 训诫;

(2) 行政罚款;

(3) 有偿没收实施行政违法行为的工具或行政违法对象;

(4) 没收实施行政违法行为的工具或行政违法对象;

(5) 剥夺赋予自然人的专门权利;

(6) 行政拘留;

(7) 将外国公民或无国籍人行政驱逐出俄罗斯联邦国境;

(8) 取消资格。

2. 对法人可以适用本条第 1 款第 1 项至第 4 项列举的行政处罚。

3. 本条第 1 款第 3 项至第 8 项列举的行政处罚,只能由本法典设定。

第三条之三　主要的行政处罚和附加的行政处罚

1. 训诫、行政罚款、剥夺赋予自然人的专门权利、行政拘留和取消资格,仅可以作为主要的行政处罚设定和适用。

2. 有偿没收实施行政违法行为的工具或行政违法对象、没收实施行政违法行为的工具或行政违法对象以及将外国公民或无国籍人行政驱逐出俄罗斯联邦国境,既可以作为主要的行政处罚,也可以作为附加的行政处罚设定和适用。

3. 对一个行政违法行为,可以给予本法典分则或俄罗斯联邦主体行政违法法分则中适用条款制裁部分所规定处罚中的一种主要的行政处罚,或一种主要的行政处罚和一种附加的行政处罚。

第三条之四 训诫

训诫是一种行政处罚措施,其表现是正式谴责自然人或法人。训诫应当以书面形式作出。

第三条之五 行政罚款

1. 行政罚款是货币形式的罚款,罚款的数量以下述的倍数表现:

(1) 行政违法行为终止时或行政违法行为被制止时联邦法律规定的最低劳动报酬额(不考虑区的系数)的倍数(以下称为"最低劳动报酬额");

(2) 行政违法行为终止时或行政违法行为被制止时的行政违法对象价值的倍数;

(3) 行政违法行为终止时或行政违法行为被制止时应当缴纳但尚未缴纳的税收、收费额的倍数,或者非法外汇交易额的倍数。

2. 行政罚款额不得少于最低劳动报酬额的十分之一。

3. 对公民科处的以最低劳动报酬额计算的行政罚款额,不得超过最低劳动报酬额的 25 倍;对公职人员科处的行政罚款额,不得超过最低劳动报酬额的 50 倍;对法人科处的行政罚款额,不得超过最低劳动报酬额的 1000 倍。

因违反俄罗斯联邦内海、领海、大陆架立法,违反俄罗斯联邦专属经济区立法,违反俄罗斯联邦反垄断立法、海关立法,以及违反俄罗斯联邦自然垄断立法,广告立法,自然环境保护立法,酒精、含酒精产品和酒精饮料产品生产和流通的国家调整立法,对公职人员和法人科处的行政罚款,可以规定比本款第 1 段更高数额的罚款。但是,对公职人员科处的行政罚款额,不得超过最低劳动报酬额的 200 倍;对法人科处的行政罚款额,不得超过最低劳动报酬额的 5000 倍。

4. 以行政违法对象的价值计算的行政罚款额,以及以未缴纳的税收、收费额计算的行政罚款额,不得超过相应对象价值的 3 倍或未缴纳税收、收费额的 3 倍。

5. 行政罚款额应当依照俄罗斯联邦立法的规定全部上缴预算

账户。

第三条之六 有偿没收实施行政违法行为的工具或行政违法对象

1. 有偿没收实施行政违法行为的工具或行政违法对象，是指强制性地没收和变卖实施行政违法行为的工具或行政违法对象，并将所得金额在扣除变卖被没收对象的费用后，交给原来的所有者。

2. 有偿没收狩猎用的武器、弹药和其他允许使用的狩猎或捕鱼工具，不得适用于狩猎或捕鱼是其主要的、合法的生活资料来源的人。

第三条之七 没收实施行政违法行为的工具或行政违法对象

1. 没收实施行政违法行为的工具或行政违法对象，是指强制性地、无偿地将未停止流通的物品转变为联邦财产或俄罗斯联邦主体的财产。没收的决定由法官作出。

2. 没收狩猎用的武器、弹药和其他允许使用的狩猎或捕鱼工具，不得适用于狩猎或捕鱼是其主要的、合法的生活资料来源的人。

3. 从实施行政违法行为的人那里扣押其非法占有的或实施行政违法行为的工具或行政违法对象，不是没收；

应当依照联邦法律的规定，将上述工具或对象归还给合法的所有者；

应当根据其他原因和以此为根据将停止流通的或被实施行政违法行为的人非法占有的上述工具或对象收归国家所有或销毁。

第三条之八 剥夺专门权利

1. 剥夺实施行政违法行为的自然人以前被赋予的专门权利，适用于本法典分则条款规定的情况下，严重违反或经常违反该权利使用规则的行为。剥夺专门权利的决定，由法官作出。

2. 剥夺专门权利的期限，不得少于一个月，也不得超过二年。

3. 对因残废而使用交通工具的人，不得适用剥夺以交通工具驾驶权为形式的专门权利。但是，在酒醉状态下驾驶交通工具，逃避按照规定程序进行醉酒状态体格检查，以及本人是公路交通事故的当事人,又继续违反公路交通事故所在地法定规则的情况除外。

4. 对狩猎是其主要的、合法的生活资料来源的人,不得适用剥夺以狩猎权为形式的专门权利。

第三条之九 行政拘留

1. 行政拘留是将违法者羁押在与社会隔离的看守所里,羁押期限为十五天以下。而对违反紧急状态制度或实施反恐怖行动地区制度要求的行为,可以适用期限为三十天的行政拘留。行政拘留的决定由法官作出。

2. 只有在特殊情况下才对某些种类的行政违法行为设定和适用行政拘留。但是,对孕妇、有十四岁以下子女的妇女、未满十八岁的人、一等或二等残废人,不得适用行政拘留。

3. 行政羁押的期限,应当计入行政拘留的期限。

第三条之十 将外国公民或无国籍人行政驱逐出俄罗斯联邦国境

1. 将外国公民或无国籍人行政驱逐出俄罗斯联邦国境,是在监视下,强制性地将上述公民和人员经俄罗斯联邦国界迁移到俄罗斯联邦国境之外。而在俄罗斯联邦立法规定的情况下,外国公民或无国籍人也可以在监视下自动离开俄罗斯联邦国境。

2. 行政驱逐出俄罗斯联邦国境作为一种行政处罚措施,为外国公民或无国籍人设定,由法官作出。而在外国公民或无国籍人进入俄罗斯联邦国境时实施违法行为的,由相应的公职人员作出决定。

第三条之十一 取消资格

1. 取消资格,是剥夺自然人在法人的行政管理机关里担任领导职务、进入董事会(监事会)、实施管理法人的企业家活动的权利,以及在俄罗斯联邦立法规定的其他情况下,剥夺自然人对法人实施管理的权利。以取消资格为形式的行政处罚,由法官作出决定。

2. 取消资格的期限为六个月以上三年以下。

3. 对在法人机构中履行组织命令职能或行政管理事务职能的

人、董事会成员以及实施成立有法人组织的企业家活动的人,其中包括仲裁主管人,可以适用取消资格。

第四章 科处行政处罚

第四条之一 科处行政处罚的一般原则

1. 对实施行政违法行为的行政处罚,可以依照本法典的规定,在规定行政违法行为责任的法律范围内科处。

2. 对自然人科处行政处罚时,应当考虑到自然人所实施行政违法行为的性质,过错人的身份、财产状况,减轻行政责任的情节和加重行政责任的情节。

3. 对法人科处行政处罚时,应当考虑到法人所实施行政违法行为的性质、法人的财产状况和财务状况、减轻行政责任的情节和加重行政责任的情节。

4. 科处行政处罚,并不能免除因其不履行而被科处行政处罚的那一职责。

5. 任何人都不应当因同一行政违法行为承担行政责任两次以上。

第四条之二 减轻行政责任的情节

1. 减轻行政责任的情节如下:

(1) 实施行政违法行为的人真诚悔过;

(2) 实施行政违法行为的人防止行政违法危害后果的发生,自愿赔偿造成的损失或者能主动消除所造成的危害后果;

(3) 在强烈的感情冲动状态(感情倒错)下,以及在个人或家庭发生了严重不幸的情况下,实施行政违法行为;

(4) 未成年人实施行政违法行为;

(5) 孕妇或者有幼儿的妇女实施行政违法行为。

2. 审理行政违法案件的法官、机关公职人员,可以将本法典或俄罗斯联邦主体行政违法法中未列举的情节认定为减轻情节。

第四条之三　加重行政责任的情节

1. 加重行政责任的情节如下：

（1）无视被授权人提出的停止违法行为的要求，继续实施违法行为；

（2）如果一个人因实施行政违法行为已经受到了行政处罚，而在本法典第4条之六所规定期限未满的情况下，又重复实施了同一种行政违法行为；

（3）引诱未成年人实施行政违法行为；

（4）团伙实施行政违法行为；

（5）在发生自然灾害或在其他非常情况下，实施行政违法行为；

（6）在酒醉状态下实施行政违法行为。

科处行政处罚的法官、机关、公职人员，根据所实施行政违法行为的性质，可以不认定该情节是加重情节。

2. 本条第1款所规定的各种情节，在其被相应的行政责任规范规定为行政违法行为评定要件的情况下，不应当被视为加重情节。

第四条之四　对实施某些行政违法行为科处行政处罚

1. 在一个人实施两个和两个以上行政违法行为的情况下，应当对其实施的每一个行政违法行为科处行政处罚。

2. 如果一个人实施了数个行政违法行为，而且其行政违法案件由同一个机关、公职人员审理，那么只能在一个制裁的范围内科处处罚。

第四条之五　追究行政责任的时效

1. 自实施行政违法行为之日起已二个月期满的，不得就行政违法案件作出决议。而对违反俄罗斯联邦内海、领海、大陆架立法的行为，违反俄罗斯联邦专属经济区立法、俄罗斯联邦海关立法、反垄断立法、外汇立法的行为，违反自然环境保护立法、核能利用立法、税收和收费立法、维护消费者权益立法、广告立法的行为，自实施行政违法行为之日起已一年期满的，不得就行政违法案件作出决议。

2. 在行政违法行为持续实施的情况下，本条第1款规定的期限自发现行政违法行为之日起计算。

3. 一个人实施的行政违法行为，导致适用以取消资格为形式的行政处罚。在这种情况下，可以自其实施行政违法行为之日起的一年内追究行政责任。而在行政违法行为持续实施的情况下，可以自发现行政违法行为之日起的一年内追究行政责任。

4. 在拒绝提起刑事案件或终止刑事案件，但在一个人的行为中具备行政违法行为要件的情况下，本条第1款规定的期限自作出拒绝提起刑事案件的决定或终止刑事案件的决定之日起开始计算。

5. 一个人是被提起行政违法诉讼的人。在满足关于在其居住地审理案件的请求时，追究其行政责任的时效期限，自满足该请求之日起到该人居住地被授权审理案件的法官、机关、公职人员收到案卷材料之时止中断。

第四条之六　被视为受到行政处罚的期限

对一个人实施的行政违法行为，应当科处行政处罚。被科处行政处罚的人，自行政处罚决议执行结束之日起的一年内，被视为受到该处罚。

第四条之七　行政违法行为所造成财产和精神损失的赔偿

1. 在没有财产损失赔偿争议的条件下科处行政处罚时，审理行政违法案件的法官有权决定财产损失的赔偿问题。

关于赔偿财产损失的争议，由法院依照民事诉讼程序解决。

2. 在其他机关或公职人员审理的行政违法案件方面，关于赔偿财产损失的争议由法院依照民事诉讼程序解决。

3. 关于赔偿由行政违法行为造成的精神损失的争议，由法院依照民事诉讼程序解决。

俄罗斯苏维埃联邦社会主义共和国行政违法法典(节译)

刘向文　译

目　录

第一编　通则
　第一章　通则(第1—9条)
第二编　行政违法行为和行政责任
　第一章　总则
　　第一节　行政违法行为和行政责任(第10—22条)
　　第二节　行政处罚(第23条—第32条之一)
　　第三节　科以行政处罚(第33—40条)

第一编 通 则

第一章 通 则

第一条 俄罗斯苏维埃联邦社会主义共和国行政违法立法的任务

俄罗斯苏维埃联邦社会主义共和国行政违法立法的任务,是保卫苏联的社会制度,保护社会主义财产,保护公民社会经济的、政治的和个人的权利与自由以及企业、机构和组织的权利和合法利益,维护法定的管理秩序、国家秩序和社会秩序,加强社会主义法制,预防违法行为,教育公民准确地和始终不渝地遵守苏联宪法、俄罗斯苏维埃联邦社会主义共和国宪法和苏维埃法律,尊重其他公民的权利、荣誉和尊严,尊重社会主义公共生活准则,诚实地履行自己对社会主义的义务和责任。

第二条 苏维埃社会主义共和国联盟和俄罗斯苏维埃联邦社会主义共和国的行政违法立法

苏维埃社会主义共和国联盟和俄罗斯苏维埃联邦社会主义共和国的行政违法立法,包括规定原则、确定一般规则的《苏维埃社会主义共和国联盟和各加盟共和国行政违法立法原则》和依照上述立法原则颁布的苏联立法文件、苏联部长会议决议、本法典和俄罗斯苏维埃联邦社会主义共和国其他的立法文件、俄罗斯苏维埃联邦社会主义共和国部长会议关于行政违法行为的决议。

苏维埃社会主义共和国联盟和俄罗斯苏维埃联邦社会主义共和国的立法文件、苏联部长会议和俄罗斯苏维埃联邦社会主义共和国部长会议关于行政违法行为的决议在按照法定程序列入本法典之前,直接适用于俄罗斯苏维埃联邦社会主义共和国领土。

本法典条款也适用于尚未列入本法典的立法为其实施规定责任的违法行为。

第三条　苏维埃社会主义共和国联盟在行政违法立法方面的职权范围

依照《苏维埃社会主义共和国联盟和各加盟共和国行政违法立法原则》的规定，在行政违法立法方面归苏维埃社会主义共和国联盟管辖的有：

规定苏维埃社会主义共和国联盟和各加盟共和国行政违法立法的原则，并确定其一般规则；

对违反标准化和产品质量规则，制造、维护和使用计量工具规则，核算和统计规则的行为，对违反铁路运输、航空运输、海洋运输和管道运输工具的交通安全和使用规则的行为，对违反边境制度规则（在俄罗斯联邦领海水域和内水水域，界河、界湖和其他水体的俄罗斯水域部分的制度规则方面）、护照制度规则的行为，对违反武器、爆炸物品、放射性物品和其他许可证制度客体购买、保管和利用规则，防止疫病和其他传染病侵入苏联领土并在苏联境内传播规则的行为，对违反海关规则和反走私规则、外汇兑换规则的行为，对违反外国公民和无国籍人在苏联居留规则的行为规定行政责任（根据1995年2月2日第12号联邦法律修订）。

在必要时，确定苏维埃社会主义共和国联盟立法规定其责任的某些种类行政违法案件的审理程序。

其他全联盟性问题方面的行政违法立法，也属于苏维埃社会主义共和国联盟管辖（根据1992年12月24日通过的俄罗斯联邦法律修订，载《俄罗斯联邦人民代表大会和俄罗斯联邦最高苏维埃公报》1993年第3期，第97页）。

第四条　俄罗斯苏维埃联邦社会主义共和国在行政违法立法方面的职权范围

属于俄罗斯苏维埃联邦社会主义共和国管辖的有：

在不属于苏维埃社会主义共和国联盟管辖问题方面的行政违法立法。

规定地方各级人民代表苏维埃（镇、村苏维埃除外）能够在立法文件规定的范围内通过决定的问题范围。上述决定可以对违反决定的行为规定行政责任。

第五条　苏维埃社会主义自治共和国在行政违法立法方面的职权范围

依照苏维埃社会主义共和国联盟和俄罗斯苏维埃联邦社会主义共和国的立法规定，在行政违法立法方面属于自治共和国管辖的有：

在本法典未作规定的情况下，规定社会秩序保护问题方面的行政责任，以及与自然灾害和流行病作斗争问题方面的行政责任；

制定规则，对违反规则的行为追究本法典第 85 条、第 101 条、第 111 条之三第 2 款和第 3 款、第 111 条之四、第 112 条之一（在受国家小型船舶检查机构监督的船舶及其停泊基地（设施）方面）、第 144 条、第 149 条规定的行政责任（根据俄罗斯苏维埃联邦社会主义共和国最高苏维埃主席团 1988 年 3 月 15 日命令修订，载《俄罗斯苏维埃联邦社会主义共和国最高苏维埃公报》1988 年第 12 期，第 341 页）。

第六条　地方各级人民代表苏维埃及其执行委员会在行政违法行为方面的权限

边疆区、州的人民代表苏维埃，莫斯科市、列宁格勒市的人民代表苏维埃，自治州和自治专区的人民代表苏维埃在立法文件规定的范围内可以：

在本法典未作规定的情况下，就社会秩序保护问题以及与自然灾害和流行病作斗争问题通过决定，对违反上述决定的行为规定行政责任。

制定规则，对违反规则的行为追究本法典第 85 条、第 101 条、第 144 条、第 149 条规定的行政责任。还制定规则（自治专区人民代表苏维埃除外），对违反规则的行为追究本法典第 111 条之二、第 111 条之三第 2 款和第 3 款、第 111 条之四、第 112 条之一(在受国家小型船舶检查机构监督的船舶及其停泊基地(设施)方面)规定的行政责任。

区、市、市辖区人民代表苏维埃在立法文件规定的范围内可以：

就与自然灾害和流行病作斗争问题通过决定,对违反决定的行为规定行政责任;制定规则,对违反规则的行为追究本法典第 101 条规定的行政责任。

边疆区、州、莫斯科市、列宁格勒市、自治州、自治专区、区、市、市辖区的人民代表苏维埃执行委员会可以就与自然灾害和流行病作斗争问题通过决定,对违反决定的行为规定行政责任。边疆区、州、莫斯科市、列宁格勒市、自治州、自治专区、区、市、市辖区的人民代表苏维埃执行委员会还可以在自己的职权范围内制定规则,对违反规则的行为追究本法典第 101 条规定的行政责任(根据俄罗斯苏维埃联邦社会主义共和国最高苏维埃主席团 1988 年 3 月 15 日命令修订,载《俄罗斯苏维埃联邦社会主义共和国最高苏维埃公报》1988 年第 12 期,第 341 页)。

第七条 预防行政违法行为

国家机关、社会组织、劳动集体制定和实施各种措施,以预防行政违法行为,查明和消除促成行政违法行为的原因和条件,用高度的自觉性、纪律性和严格遵守苏维埃法律的精神教育公民。

各级人民代表苏维埃在依照苏联宪法和俄罗斯苏维埃联邦社会主义共和国宪法的规定保证遵守法律,维护国家秩序、社会秩序和公民权利的同时,在本地区内协调各种国家机关、社会机构预防行政违法行为方面的工作,领导内务机关、行政委员会、未成年人事务委员会及其隶属机关同行政违法行为开展斗争的活动。

第八条 在对行政违法行为适用感化措施时社会主义法制的保障

任何人非经立法规定的理由和程序,不得因实施行政违法行为被适用感化措施。

行政违法案件的诉讼程序,应当严格遵守社会主义法制原则。

被授权的机关、公职人员应当在其职权范围内,严格地依照立法规定适用行政感化措施。

在对行政违法行为适用感化措施时有关法制的遵守,由上级机关和公职人员的系统监督、检察机关的监督、控告权利及立法规定的其他办法加以保障。

第九条　行政违法责任立法的效力

实施行政违法行为的人,应当根据行政违法行为实施时和实施地生效的立法承担责任。

减轻或取消行政违法行为责任的文件具有追溯力,即适用于这些文件颁布前实施的违法行为。规定或加重行政违法行为责任的文件,不具有追溯力。

行政违法案件的诉讼程序,应当根据违法案件审理时,在审理地生效的立法进行。

第二编　行政违法行为和行政责任

第一章　总　　则

第一节　行政违法行为和行政责任

第十条　行政违法行为的概念

行政违法行为(不合乎行为准则的举止)是指立法对其规定了行政责任的,危害国家秩序或社会秩序、侵犯社会主义财产、侵犯公民的权利和自由、危害法定管理秩序的违法的、有过错的(故意的或过失的)行为或不作为。

如果本法典规定的违法行为,就其性质来说,依照现行立法的规定不会导致刑事责任,那么其将被追究本法典规定的行政责任。

第十一条　故意实施行政违法行为

如果实施行政违法行为的人意识到自己行为或不作为的违法性,预见到其危害后果并希望这种后果发生或有意识地放任这种后果发生的,被视为故意实施行政违法行为。

第十二条　因过失实施行政违法行为

如果实施行政违法行为的人预见到自己的行为或不作为可能发生危害后果,但轻信可以防止这种后果的发生,或者本来应该预见到和可以预见到自己的行为或不作为可能发生危害后果,却未预见到这种后果发生的可能性的,被视为因过失实施行政违法行为。

第十三条　开始承担行政责任的年龄

在实施行政违法行为前年满十六岁的人,应当承担行政责任。

第十四条　未成年人的责任

对已满十六岁未满十八岁的实施行政违法行为的人,适用由俄罗斯苏维埃联邦社会主义共和国最高苏维埃主席团批准的《未成年人事务委员会条例》规定的措施。

已满十六岁未满十八岁的人实施了本法典第 49 条、第 114 条至第 122 条、第 148 条、第 158 条、第 159 条、第 165 条、第 165 条之八、第 172 条至第 175 条、第 183 条、第 183 条之一、第 183 条之二、第 183 条之三规定的行政违法行为的,应当根据一般规定承担行政责任。考虑到所实施违法行为的性质和违法者的身份,上述人(实施了本法典第 165 条规定的违法行为的人除外)的案件可以移送区(市)、市辖区未成年人事务委员会审理,而实施了本法典第 49 条规定的违法行为的人的案件应当移送区(市)、市辖区未成年人事务委员会审理(根据 1995 年 2 月 2 日通过的第 12 号联邦法律修订)。

在苏联立法文件直接规定的其他情况下,已满十六岁未满十八岁的未成年人也可以根据一般规定承担行政责任。

第十五条　公职人员的责任

公职人员有不遵守维护管理秩序、国家秩序和社会秩序,不遵守保护自然、保护居民健康领域法定规则的和保障其履行被列为公职人员职责的其他规则相关联的行政违法行为,应当承担行政责任。

第十六条　军人和对其适用纪律规章的其他人员实施行政违法行为的责任

军人和应召举行短期集训的预备役军人,以及内务机关的士兵和指挥员应当对不遵守纪律规章方面的行政违法行为承担责任。上述人员对违反俄罗斯联邦国界制度、边境制度、俄罗斯联邦国界通行口岸制度规则的行为,对违反道路交通规则,狩猎、捕鱼和鱼类资源保护规则,海关规则和走私的行为,根据一般规定承担行政责任。对上述人员不得适用劳动改造和行政拘留,而对军人,除此之外,还不得适用罚款和剥夺运输工具驾驶权(根据1995年1月27日第10号联邦法律、1995年2月2日第12号联邦法律修订,载《俄罗斯联邦立法汇编》,1995年1月3日第5期,第346页;1995年2月6日第6期,第453页)。

除本条第1款指出的人员外,对其适用纪律规章或专门纪律条例的其他人,在上述纪律规章或专门条例直接规定的情况下,对实施行政违法行为承担纪律责任。而在其余情况下,根据一般规定承担行政责任。

在本条第1款指出的情况下,被授予行政处罚权的机关(公职人员)可以不给予处罚,而是将关于实施行政违法行为的材料移交给相应机关,以便解决对有过错的人追究纪律责任问题。

对其适用纪律规章的铁路运输、海洋运输、内河运输和民用航空的工作人员,因在履行职责时实施的下述行政违法行为而依照纪律规章的规定承担行政责任:

铁路运输工作人员因实施本法典第103条第2款、第3款、第4款和第5款,第104条,第104条之一和第126条第1款规定的违法行为；

海洋运输工作人员因实施本法典第104条之一、第109条、第109条之一、第110条和第126条第2款规定的违法行为；

内水水路运输工作人员因实施本法典第104条之一、第110条至第111条之三和第126条第2款规定的违法行为；

民用航空工作人员因实施本法典第105条至第108条规定的违法行为(根据俄罗斯苏维埃联邦社会主义共和国最高苏维埃主席团1988年3月15日命令修订,载《俄罗斯苏维埃联邦社会主义共和国最高苏维埃公报》1988年第12期,第241页;根据1992年12月24日通过的俄罗斯联邦法律修订,载《俄罗斯联邦人民代表大会和俄罗斯联邦最高苏维埃公报》1993年第3期,第97页)。

第十七条 外国公民和无国籍人的责任

位于俄罗斯苏维埃联邦社会主义共和国境内的外国公民和无国籍人,应当同苏联公民一样根据一般规定承担行政责任。

由按照现行法律和苏联国际条约的规定享有苏维埃社会主义共和国联盟和俄罗斯苏维埃联邦社会主义共和国行政司法豁免权的外国公民,在俄罗斯联邦境内实施行政违法行为的责任问题,通过外交途径解决。

在俄罗斯联邦大陆架或专属经济区内实施行政违法行为的外国自然人或无国籍人,应当同俄罗斯联邦的自然人一样根据一般规定承担行政责任(第2款由1996年5月27日第56号联邦法律列入,根据1999年3月3日第53号联邦法律修订)。

第十八条 紧急避险

一个人尽管实施了本法典规定的行为或实施了其他规范性文件对其规定了行政责任的行为,但处于紧急避险状态,即为了消除对国家秩序或社会秩序、社会主义财产、公民的权利和自由、法定的管理秩序构成威胁的危险,该危险不可能用其他手段消除而且所造成的损失又小于被防止的损害,那么该人不应当承担行政责任。

第十九条　正当防卫

一个人尽管实施了本法典规定的行为或实施了其他规范性文件对其规定了行政责任的行为，但处于正当防卫状态，即在保卫国家秩序或社会秩序、社会主义财产、公民的权利和自由、法定的管理秩序以及受违法行为的侵害时，给侵害者造成了损害，而且此时未超过正当防卫的界限，那么该人不应当承担行政责任。

第二十条　无责任能力

在实施违法行为或不作为时处于无责任能力状态，即由于患慢性精神病、暂时性精神活动失常、痴呆症或其他病态，不能意识到自己的行为或不能控制自己行为的人，不应当承担行政责任。

第二十一条　将关于行政违法行为的材料移交给同志审判会、社会组织或劳动集体审理

如果考虑到违法者所实施违法行为的性质和身份，对其适用的社会感化措施是适宜的，那么实施行政违法行为的人可以被免除行政责任，但应当将其材料移交给同志审判会、社会组织或劳动集体审理。

对于实施了本法典第 117 条、第 120 条、第 124 条、第 147 条、第 151 条、第 160 条至第 163 条规定的违法行为，而根据本条第 1 款指出的理由被免除行政责任的人，其材料也可以移交给企业、机构和组织里成立的反酗酒委员会及其结构性分支机构审理。

关于对实施本法典第 49 条、第 117 条、第 120 条、第 124 条、第 147 条、第 151 条、第 153 条、第 158 条、第 160 条至第 163 条所规定违法行为的人适用社会感化措施的情况，企业、机构和组织的行政部门，企业、机构和组织里成立的反酗酒委员会及其结构性分支机构，同志审判会或社会组织必须在十日期限内通知送达材料的机关（公职人员）（根据俄罗斯苏维埃联邦社会主义共和国最高苏维埃主席团 1985 年 10 月 1 日命令修订，载《俄罗斯苏维埃联邦社会主义共和国最高苏维埃公报》1985 年第 40 期，第 1398 页）。

第二十二条 在实施轻微违法行为时免除行政责任的可能性

在实施的行政违法行为轻微时,被授权处理案件的机关(公职人员)可以免除违法者的行政责任,只给予口头训诫。

第二节 行政处罚

第二十三条 行政处罚的目的

行政处罚是一种责任措施,其适用的目的是为了用遵守苏维埃法律、尊重社会主义公共生活准则的精神教育实施了行政违法行为的人,以及为了预防违法者本人和其他人实施新的违法行为。

第二十四条 行政处罚的种类

对实施的行政违法行为,可以适用下述行政处罚:

(1) 训诫;

(2) 罚款;

(3) 有偿征收曾是实施行政违法行为工具的物品或行政违法行为的直接对象;

(4) 没收曾是实施行政违法行为工具的物品或行政违法行为的直接对象;

(5) 剥夺赋予该公民的专门权利(运输工具驾驶权、狩猎权、经营无线电电子器材或高频装置权)(根据1996年8月6日第108条联邦法律修订);

(6) 劳动改造;

(7) 行政拘留;

(8) 将外国公民或无国籍人行政驱逐出俄罗斯联邦国境(根据1995年2月2日第12号联邦法律修订)。

本条第3项至第6项、第8项罗列的行政处罚,只有苏维埃社会主义共和国联盟和俄罗斯苏维埃联邦社会主义共和国的立法文件能加以规定,而行政拘留,只有苏联的立法文件能加以规定。在苏联立法文件规定的特殊情况下,行政拘留也可以由俄罗斯苏维埃联邦社会主义共和国的立法文件加以规定(根据 1995 年 2 月 2 日第 12 号联邦法律修订)。

除本条指出的上述行政处罚种类之外,依照《苏维埃社会主义共和国联盟和各加盟共和国行政违法立法原则》的原则和总则的规定,苏维埃社会主义共和国联盟和俄罗斯苏维埃联邦社会主义共和国的立法文件还可以规定其他的行政处罚种类。

(第 4 款被删除。根据俄罗斯苏维埃联邦社会主义共和国最高苏维埃主席团 1988 年 7 月 29 日命令修订,载《俄罗斯苏维埃联邦这会主义共和国最高苏维埃公报》1988 年第 31 期,第 1005 页)

第二十五条　主要的行政处罚和附加的行政处罚

有偿征收物品和没收物品、行政驱逐既可以作为主要的行政处罚,也可以作为附加的行政处罚适用;本法典第 24 条第 1 款指出的其他的行政处罚,仅可以作为主要的行政处罚适用(根据 1995 年 2 月 2 日第 12 号联邦法律修订)。

对一个行政违法行为,可以科处主要的行政处罚,或者科处主要的行政处罚和附加的行政处罚。

第二十六条　训诫

训诫是以书面形式作出的行政处罚措施。在立法规定的情况下,训诫也可以以其他的法定形式作出(根据俄罗斯苏维埃联邦社会主义共和国最高苏维埃主席团 1989 年 4 月 5 日命令修订,载《俄罗斯苏维埃联邦这会主义共和国最高苏维埃公报》1989 年第 15 期,第 369 页)。

第二十七条　罚款

(根据 1993 年 7 月 1 日俄罗斯联邦第 5304—1 号法律修订)

罚款是在本法典规定的情况下和范围内,对行政违法行为科处的货币形式的处罚。罚款以违法行为结束时或制止违法行为时俄罗斯联邦立法规定的月最低劳动报酬额(不考虑区的系数)的数量、倍数(以下称为"最低劳动报酬额")表达出来,以及以被盗窃的、丧失掉的、被损坏的财产价值的数量、倍数或由于实施行政违法行为而获得的非法收入额的数量、倍数表达出来。

罚款在最低劳动报酬额十分之一以上一百倍以下的范围内加以规定,以及在被盗窃的、丧失掉的、被损坏的财产价值十倍以下或由于实施行政违法行为而获得的非法收入额十倍以下的范围内加以规定。

在非常情况下,鉴于履行国际条约产生的义务和强化行政责任的特殊必要性,俄罗斯联邦法律可以规定比本条第 2 款更多数额的罚款。

第二十八条 有偿征收曾是实施行政违法行为的工具或行政违法对象的物品

有偿征收曾是实施行政违法行为的工具或行政违法行为直接对象的物品,包括强制性地索取和变卖曾是实施行政违法行为的工具或行政违法行为直接对象的物品,并将所得金额扣除变卖被没收物品的费用后交给原来的所有者。

有偿征收用火药发射的武器和弹药,不适用于狩猎是其生活主要来源的人。

适用有偿征收的程序和应当征收的物品种类,由苏维埃社会主义共和国联盟立法、本法典和俄罗斯苏维埃联邦社会主义共和国的其他立法加以规定。

第二十九条 没收曾是实施行政违法行为的工具或行政违法行为直接对象的物品

没收曾是实施行政违法行为的工具或行政违法行为直接对象的物品,是指强制性地、无偿地将上述物品收归国家所有。如果苏联立法文件未作其他规定,只能没收属于违法者个人所有的物品。

没收用火药发射的武器和弹药以及其他的狩猎工具,不适用于狩猎是其主要生活来源的人。

适用没收的程序时,不应当被没收的物品清单,由苏维埃社会主义共和国联盟立法、本法典及俄罗斯苏维埃联邦社会主义共和国的其他立法加以规定(根据俄罗斯苏维埃联邦社会主义共和国最高苏维埃主席团1985年10月日命令修订,载《俄罗斯苏维埃联邦社会主义共和国最高苏维埃公报》1985年第40期,第1398页)。

第三十条　剥夺赋予该公民的专门权利

剥夺赋予该公民的专门权利(运输工具驾驶权、狩猎权、无线电电子器材或高频装置的经营权),适用于严重违反或经常违反该权利使用程序的行为,期限为三年以下。上述权利的剥夺期限不得少于十五天。但是,苏维埃社会主义共和国联盟和俄罗斯苏维埃联邦社会主义共和国的立法文件另有规定的情况除外(根据1996年8月6日第108号联邦法律修订)。

剥夺运输工具的驾驶权,不得适用于由于残疾而使用该工具的人。但是,在醉酒状态中驾驶运输工具的,不执行警察局工作人员关于停车的要求的,公路运输事故的当事人继续违反公路运输事故发生地的法定规则的,逃避依照法定程序进行醉酒状态体格检查的情况除外。

剥夺狩猎权,不得适用于狩猎是其生活主要来源的人(根据1992年12月24日通过的俄罗斯联邦法律修订,载《俄罗斯联邦人民代表大会和俄罗斯联邦最高苏维埃公报》1993年第3期,第97页)。

第三十一条　劳动改造

劳动改造的期限为二个月以下。劳动改造在实施行政违法行为人的固定工作单位执行,并扣除其工资的百分之二十作为国家收入。劳动改造由区(市)人民法院(人民审判员)裁定。劳动改造的期限不得少于十五天。苏维埃社会主义共和国联盟和俄罗斯苏维埃联邦社会主义共和国的立法文件另有规定的情况除外。

第三十二条　行政拘留

只有在特殊情况下,才对某些种类的行政违法行为设定和适用行政拘留。行政拘留的期限为十五日以下。行政拘留由区(市)人民法院(人民审判员)裁定。

行政拘留不能适用于孕妇、有十二岁以下子女的妇女、未满十八岁的人、一等和二等残废人。

第三十二条之一　将外国公民和无国籍人行政驱逐出俄罗斯联邦国境

（由 1995 年 2 月 20 日第 12 号联邦法律列入）

将外国公民和无国籍人行政驱逐出俄罗斯联邦国境，是指外国公民和无国籍人被强制性地并在监视下经俄罗斯联邦国界迁移到俄罗斯联邦国境之外。而在俄罗斯联邦立法规定的情况下，外国公民和无国籍人也可以在监视下自动离开俄罗斯联邦国境。

第三节　科处行政处罚

第三十三条　对行政违法行为科处处罚的一般规则

对行政违法行为的处罚，应当严格依照《苏维埃社会主义共和国联盟和各加盟共和国行政违法立法原则》、本法典和关于行政违法行为的其他文件的规定，在对实施违法行为规定责任的规范性文件规定的范围内进行。

在科处处罚时，应当考虑到所实施违法行为的性质、违法者的身份、违法者过错的等级、财产状况、减轻和加重责任的情节。

第三十四条　减轻行政违法行为责任的情节

减轻行政违法行为责任的情节如下：

（1）过错人的真诚悔过；

（2）过错人防止违法行为危害后果的发生，自愿赔偿损失或主动消除所造成的损害；

（3）在强烈的感情冲动状态下，或者在个人或家庭发生了严重不幸的情况下，实施的违法行为；

（4）由未成年人实施的违法行为；

（5）由孕妇或有不满一岁婴儿的妇女实施的违法行为。

苏维埃联邦社会主义共和国联盟和俄罗斯苏维埃联邦社会主义共和国的立法也可以规定减轻行政违法行为责任的其他情节。处理行政违法案件的法官（公职人员）可以将立法中未指出的情节认定为减轻情节。

第三十五条　加重行政违法行为责任的情节

加重行政违法行为责任的情节如下：

（1）无视主管人员提出的停止行政违法行为的要求，继续实施违法行为。

（2）一个人因实施违法行为已经受到行政处罚，而在一年内重复实施同一种违法行为。

（3）引诱未成年人实施违法行为。

（4）由团伙实施违法行为。

（5）在发生自然灾害的条件下或在其他的非常情况下实施的违法行为。

（6）醉酒状态下实施的违法行为。科处行政处罚的机关（公职人员）根据行政违法行为的性质，可以不把该情节认定为加重情节。

第三十六条　在实施数个行政违法行为时科处的行政处罚

在一个人实施两个或两个以上行政违法行为的情况下，应当为每个违法行为单独地科处行政处罚。

如果一个人实施了数个行政违法行为，而且其行政违法案件由同一个机关（公职人员）审理，那么在为最严重违法行为所规定制裁的范围内科处处罚。在这种情况下，可以把关于任何一个违法行为责任的条款所规定的附加处罚并入主要处罚。

第三十七条　计算行政处罚的期限

行政拘留的期限以昼夜计算，劳动改造以月或日计算，剥夺专门权利以年、月或日计算。

第三十八条　科处行政处罚的期限

行政处罚可以在违法行为实施之日起的二个月内科处。而在违法行为持续实施的情况下,在发现违法行为之日起的二个月内科处处罚。

在拒绝提起刑事案件或终止刑事案件的情况下,违法者行为中具备行政违法行为要件时,应当自拒绝提起刑事案件或终止刑事案件的决定作出之日起的一个月内科处行政处罚。

本条中指出的期限,不适用于根据苏联海关法典没收走私物品的情况。

第三十九条　期满后被视为未曾受过行政处罚的期限

如果受到行政处罚的人自处罚执行期满之日起的一年期间未实施新的行政违法行为,那么该人被视为未曾受过行政处罚的人。

第四十条　承担赔偿所造成损失的义务

如果由于实施行政违法行为,对公民、企业、机构或组织造成了数额不超过50卢布的财产损失,那么行政委员会,镇、村人民代表苏维埃的执行委员会,未成年人事务委员会,以及人民审判员在处理对行政违法行为科处处罚的问题时,有权同时处理关于过错人赔偿财产损失的问题。而区(市)人民法院在处理关于过错人赔偿财产损失的问题时,不受损失金额的限制。

在其他情况下,关于行政违法行为所造成财产损失的赔偿问题,依照民事诉讼程序处理。

意大利

导　读

意大利的行政处罚适用于不构成犯罪的违法行为,与刑事处罚相衔接,其最主要的处罚手段就是罚款。具体而言,目前主要适用于违反法庭秩序规范、违反劳动场所卫生和预防劳动事故法律规范、违反保护环境和污染法律规范、违反动植物保护法律规范、违反食品饮料卫生法律规范、违反交通法规,但尚未构成犯罪的行为。

意大利的行政处罚体系是在意大利刑法的轻刑化过程中出现的。《意大利1981年11月24日第689号法律对刑法体系的修改》第一章"行政处罚"在意大利的法律体系中引入了行政处罚,规定了其适用的情形、主要原则和程序。

意大利1981年11月24日第689号法律对刑法体系的修改(节译)

罗冠男 译①

目　　录

第一章　行政处罚

　　第一节　基本原则(第1—12条)

　　第二节　适用(第13—31条)

　　第三节　轻罪和违法的轻刑化(第32—39条)

　　第四节　过渡和最终措施(第40—43条)

---

① 罗冠男,女,1983年生,意大利罗马二大法学院法学博士,中国政法大学法律史学研究院副教授。

第一章 行政处罚

第一节 基本原则

第一条 合法性原则

除非根据其违法行为前已生效的法律规定,否则任何人不得被施与行政处罚。

规定行政处罚的法律只适用于法律规定的情况和时间。

第二条 辨认和控制自己行为的能力

任何人在作出相关行为的时候,如果未满十八周岁,或者根据刑法典规定的标准,没有辨认和控制自己行为的能力,就不受行政处罚,除非这种无能力的状态是由本人的过错或者预谋造成的。

除了前款最后一部分规定的情况之外,监护无行为能力者的人需要承担责任,除非其能够证明该行为是无法阻止的。

第三条 主观因素

在需要行政处罚的违法行为中,行为人要对自己的行为或者疏忽负责,只要是有意识的并且自愿的,不管是故意还是过失。

如果违法行为是因为对事实的认识错误,而错误不是由行为人的过错造成的,就不承担责任。

第四条 排除责任的原因

履行义务或者行使合法权利而实施的行为,或者出于必要或者正当防卫而实施的行为,如果构成违法行为,不受行政处罚。

如果违法行为是履行上级的命令,则由作出命令的公职人员承担责任。

市政当局、省、山区社区及其联合体、公共援助和慈善机构(IPAB)、开展社会福利活动的非营利性机构和在国家卫生服务机构内运作的卫生组织及其管理人员,只要在1997年12月31日之前完成了与雇佣合同中规定的工作服务相关并随后被确认为从事雇佣关系的工作,就不承担与雇佣工人、强制保险和进一步履行有关的行政和民事处罚责任。

第五条 共犯

如果多人共同参与了行政违法行为,每一个人都要根据规定受到处罚,除非法律另有规定。

第六条 连带责任

用于进行违法行为或者目的是进行违法行为的物品的所有人或者用益物权人,或者对不动产享有个人权利的权利人,在违法行为人的责任金额内与其承担连带责任,除非证明物是违背其意愿被使用的。

如果违法行为是由能够辨认和控制自己行为能力的人,在他人的授权、指挥或者监督下作出的,那么授权人、指挥人或者监督人要与违法行为人授权承担连带责任,除非证明自己无法阻止该行为。

如果法人、没有法人资格的团体、企业主的代表或者工作人员在执行职务或受委托事项时作出违法行为,则法人、团体、企业主要与违法行为人承担连带责任。

因前款规定已经支付罚款者有权向违法行为人追偿。

第七条 义务的不可转移性

因为违法行为支付罚款的义务不转移给继承人。

第八条 多次违反关于行政处罚的规定

除非法律另有规定,一个人的行为违反了不同的行政处罚规定,或者多次违反同一条款的,按最严重的行为处分,处分金额最高可增加三倍。

本条第1款同样适用于为了同一个违法目的的多个行为,在不同时间多次违反同一法律,或者关于强制救济和援助的法律中的不同规则。

本条第1款同样适用于在1985年12月2日的第688号法令生效

之前的违法行为,只要对这些违法行为尚未作出生效判决。

第八条附加条 违法行为的重复

(1999年第507号政令第94条引入)

除有法律的特殊规定,如果在行政违法行为发生后五年内,由审查程序确认,同一主体又有相同性质的违法行为,就是重复。如果五年内有多次相同性质的违法行为,被同一个行政措施确定的,也是重复。

违反同一规定的违法行为和违反不同的规定,但是构成行为的性质或者行为的方式,具有实质上的同一性或者共同的基本特征,都可以被认为是相同性质的行为。

如果违反的是同一规定,被认为是特殊的重复。

如果在首次实施后又在非常相近的时间内,为了同一个计划实施行政违法行为,则不被认为是重复。

重复会导致法律明确规定的效果,并且不适用于减轻罚款的情况。

在确定之前的违法行为的程序作出最终结果之前,重复的效果可以中止。而中止在可能造成严重损失的情况下由主管行政机关作出或由法官提出异议。

如果确定前一个违法行为的程序被撤销,则重复的效果也终止。

第九条 特殊原则

如果同一个行为同时触犯了刑事规范和行政处罚规范,或者触犯了多个行政处罚规范,就适用特殊规定。

但是,如果同一个行为同时触犯了刑事规范和大区规范或者特伦托自治省和博尔扎诺自治省行政处罚规范,则适用刑事规范,在没有其他可适用的刑事规范的情形下才适用后者。

触犯了1962年4月30日第283号法律第5条、第6条和第12条规定,以及之后的修正案和补充规定的行为,只适用刑事规范,即使该行为也触犯了关于生产、贸易以及食品和饮料卫生的专门行政规范。

（本款由 1999 年第 507 号政令第 95 条替换）

第十条　特别行政处罚以及最低限额和最高限额之间的关系

特别行政处罚是不低于 10 欧元和不超过 15000 欧元的罚款。按比例进行的处罚没有最高限。

（根据 1999 年第 507 号政令第 96 条修改，之后由 2009 年第 94 号法律第 3 条第 63 款修改）

除了法律明确规定的情形外，每次对违法行为进行特别行政处罚的最高限额不能超出最低限额的十倍。

第十一条　适用特别行政处罚的标准

在确定法律规定的最低额和最高额之间的特别行政处罚，以及非强制性的附加处罚的时候，要考虑到违法行为的严重性、行为人为了消除或者减轻违法行为的后果采取的行为，以及行为人的个性和经济状况。

第十二条　适用的条件

在没有其他规定的情况下，本章规定适用于所有以罚款作为行政处罚的行为，即使没有规定用这一处罚来代替刑事处罚。本章规定不适用于违纪的行为。

第二节　适　　用

第十三条　确认行为

负责监督规范遵守的机关，为了确定各自权力范围内的违法行为，对于可能要罚款的行政违法行为，可以对物品或者私人住宅之外的地方要求提供信息并且进行检查，可以通过标识、叙述、影像和其他技术手段进行。

还可以按归刑事诉讼法允许司法警察扣押的方式和范围，对可能被行政没收的物品进行预防性扣押。

对没有强制保险的行驶机动车辆或者船只，以及没有行驶证的行驶车辆,一律进行扣押。

为了确认要进行一定金额罚款的行政违法行为,司法警察及其授权的人,除了行使上述几款规定的权力之外,在无法得到其他证据时,预先得到初审法官的授权,可以搜查私人住宅之外的地方。适用刑事诉讼法典第333条和第334条第1款和第2款的规定。

现行法律确定的特别权力的行使除外。

第十四条 宣布和通知

对违法行为的宣布,在可能的情况下,应该向违法者和承担连带罚款责任的人立即作出。

如果没有立即通知上款规定的全部或部分人员,在对前款规定的所有人或者部分人立即宣布后,违法行为的主要情节应当在90天的期限内通知居住在意大利境内的、在360天内通知在意大利境外居住的其他利害关系人。

如果违法行为相关文件已经根据司法机关的命令移交给主管当局,那么前款规定的期限从接收之日起开始起算。

对于立即宣布和通知的方式,适用现行法律的规定。在任何情况下,通知也可以根据民事诉讼法规定的方式,由确定违法行为的行政机关工作人员作出。如果不能由收件人亲自签收,则应遵守该法第137条第3款规定的方法。

对于在国外的居民,如果不知道其住所、住宅或者居住地,那么通知不是强制性的,但是保留其减轻支付的权利直到第22条第2款规定的对异议审理的期限届满。

因为违法行为缴纳罚款的义务对在上述期限内没有通知的人消灭。

第十五条 通过对样品分析进行确认

如果对违法行为的确认需要对样品进行分析,实验室的负责人需要以挂号信的方式将分析结果通知有关人员,并附上收据。

利害关系人可以要求在技术顾问参与下对分析进行复查。申请需要采取书面方式,在得知第一次分析结果之后的15日内向样品的检验机构提出,并附上第一次检验的结果。

应在复查开始之前至少提前10日通知利害关系人。

复查的结果要以挂号信的方式通知利害关系人,由进行复查的实验室负责人作出。

本条第1款和第4款规定的通知等同于第14条第1款规定的通知,而第16条规定的减轻支付的期限从第一次检验的结果通知开始起算,如果申请了复查,则由复查的结果通知开始起算。

如果无法通过本条第1款到第4款规定的方式来通知利害关系人,则适用第14条的规定。

在第17条最后一款规定的行政法规或者地方性法律中,可能规定了复查的申请者向检验机构缴纳费用,并可指定进行分析的机构对现行法律规定进行了修改。

第十六条 减轻缴纳

允许对违法行为规定的数额减轻支付最高限额的第三部分,或者进一步减轻到最低限,相当于相关数额的二倍,除了程序的费用,在立即宣布或者通知违法行为主要情节后的六十日内支付。(1998年第213号政令第53条修改)

除了第1款的规定之外,对于违反大区和省、联合的大区和省的规定,在规定的最低额和最高额之间,可以确定减轻的具体数额。(2008年第125号法律第6条附加条替换)

减轻支付也适用于在本法上述规范生效前还未确定支付罚款的案件。

第十七条 报告义务

如果没有减轻支付,那么查明违法行为的机关工作人员和授权的人,除了第24条规定的情形,需要向各部根据领域确定的分管机关提交报告,证明其执行了宣布或者通知,或者在没有这一机关的情况下,向省级行政长官提交。

违反1959年6月15日第393号主席令通过的道路交通综合法、1933年12月8日第1740号政令通过的道路安全综合法,以及1935年6月20日第1349号关于货物运输服务的法律规定的违法行为,都需要向省级行政长官报告。

在一些案件中,如果大区有管辖权,为了委托给它们的行政职能,要向主管区域的地方机关提交报告。

对于省和市的违法行为,报告要分别向省长或者市长提交。

当地有权机关是违法行为发生地的机关。

有关工作人员或者代理人已经根据第13条的规定实行扣押的,要立即通知上述有权的行政主体,并提交扣押程序的记录。

根据意大利的行政法规、总理的提议,在本法公布的一百八十天内,代替1976年5月13日第407号主席令,由各部指定本条第1款的特别机关,即使之前的法律规定了不同的有权机关。

上款规定的行政法令规定第13条中的扣押、运输、交付被扣押物的进行方式,以及保管和可能的转让或销毁的方式可以规定扣押物的去向。各大区应在上款规定的期限内,就其职权范围内的事项依法进行规定。

第十八条　强制令

在违法行为的宣布或者通知发出的三十日期限内,利害关系人可向有关机关要求第17条规定的报告、书面理由和文件,并且可以要求被同一机关听取意见。

有权机关,在应利害关系人的要求听取了其意见之后,并在其申请下重新审查了颁布的文件和书面理由后,如果仍然认为违法行为无误,则通过理由明确的决定,确定违法行为的罚款金额,要求行为人和连带责任人缴纳包括程序费用在内的金额,否则对起草报告的机关应发出说明理由的命令。

根据强制令,如果不是在这一措施中进行的没收,则需要处理扣押物的退还,补交保管费用。如果没收不是必需的,扣押物的退还由驳回的决定作出。

罚款需要根据第 14 条的规定,在这一程序通知的三十日内,向登记机关或者强制令中指定的机关缴纳;接收机关在收到罚款后三十日内,通知作出强制令的机关。

如果利害关系人在国外,支付的期限是六十日。

强制令的通知可以由作出决定的机关,根据 1982 年 11 月 20 日第 890 号法律规定的形式作出。(根据 1999 年第 265 号法律第 10 条第 6 款增加本款)

强制令具有执行的效力。如果是关于没收的决定,在提出异议的期限届满后,就成为执行的依据;如果提出了异议,则在接受异议的司法机关驳回异议后,或者异议被认为不被接受,或者措施是不可异议的,或者对其提出的上诉不被接受之后,就成为执行的依据。

第十九条 扣押

在实施扣押后,利害关系人可以立即向第 18 条第 1 款规定的机关提出异议。对于异议,可以通过有明确理由的法令在其提出十日之内作出决定。如果没有在规定期限内驳回,异议视为被采纳。

在行政程序结束前,有权机关可以决定向证明其有所有权的人返还扣押物,要求其补交保管费,但强制没收的财产除外。

如果对扣押的异议被驳回,没有发出缴纳的强制令,或者在提交报告之后的二个月内尚未没收,则扣押停止生效。在任何情况下,应在六个月内扣押。

第二十条 附加行政处罚

发出强制令的行政机关,或者根据第 24 条规定的情况作出有罪判决的刑事法官,可以适用现行法律中规定的行政处罚,作为违法行为附加的刑事处罚,如果这些处罚包括剥夺或中止行政部门规定的职能和权利。

附加行政处罚在对定罪处罚的异议的判决还未确定之前,或者在第 24 条规定的情况下,措施本身还不具有执行性的时候,不能适用。

行政机关本身可以对用于从事违法行为或者目的是为了从事违法行为的物进行行政没收,不仅可以没收作为产品的物品,条件是上述物品属于被强制缴纳罚款的人之一。

在严重或者重复的行政违法行为中,为了工作安全、工作场所的卫生、防止工作事故,即使没有发出强制令,也可以对用于从事违法行为或者目的是为了从事违法行为的物进行没收。没收不适用于与违法行为无关人员的所有物。(2010年第217号法律第9条第1款增加)

对制造、使用、窝藏、占有、让渡构成行政违法的物品,即使不发出强制令,也一律没收。

上述规定不适用未参与行政违法行为人的物,且其制造、使用、携带、持有和处置有行政许可。

第二十一条　行政处罚和附加处罚的特殊情形

一旦确定了1969年12月24日第990号法律第32条第1款中的行政违法行为,对被强制缴纳罚款的人的机动车辆或者船只一律没收,如果在强制令中规定的期限内没有缴纳罚款,除了适用特殊的处罚,还要预交至少六个月的保险费。

在对强制令提出异议的情况下,第1款的期限从驳回异议的时候起算,或者从决定因为异议不被接受而不能再提出异议之时起算,或者从确定对该措施的上诉不被接受之时开始起算。

如果查明违反了1959年6月15日第393号主席令通过的道路交通综合法第58条第8款规定的违法行为,要对车辆进行没收;如果查明违反了1962年4月30日第283号法律第14条第2款的违法行为,一般适用不超过十日的驾驶证的暂扣。

第二十二条　对强制令的异议

除非根据2010年7月2日第104号法令第133条的规定,以及其他法律的规定,对罚款的强制令和对利害关系人的没收可以向普通的司法机关提出异议。异议受2011年9月1日第150号法令第6条规范。(2011 年第 150 号立法令第 34 条第 1 款替代)(从第 2 款到第 7 款由 2011 年第 150 号法令第 34 条第 1 款废止)

第二十二条附加条　异议的司法管辖

(本条被 2011 年第 150 号法令第 34 条第 1 款废止)

第二十三条　异议的判决

(本条被 2011 年第 150 号法令第 34 条第 1 款废止)

第二十四条　与犯罪的客观联系

如果一项犯罪是否存在取决于一个不构成犯罪的违法行为的确认,而且对其不适用减轻罚款,对犯罪有管辖权的刑事法官有权对上述违法行为作出判断,并且通过有罪判决对该违法行为适用法律规定的处罚。

在上款规定的情形中,如果还没有作出第 14 条第 2 款规定的通知,就需要向对犯罪有管辖权的司法机关转交第 17 条规定的报告,如果发出司法通知,要将违法行为的主要情节通知其他支付义务人,从通知之时开始起算减轻罚款的期限。

如果司法机关没有进行调查,减轻罚款在开庭前都有效。

在刑事调查和审判中,检察官可以要求传唤连带义务人。由初审法官发出传票。对于以上主体,为了保障其权利,给予其被告的权利和保障,但是不包括指定公共辩护人。

根据刑事法令作出决定的初审法官,根据同一判决书,对违法行为的法定处罚负责。

如果刑事程序因为犯罪行为的消灭或者因为不具备起诉条件而终止,刑事法官对于不构成犯罪的违法行为的管辖权消失。

第二十五条　刑事审判程序的可异议性

本法第 24 条规定的刑事审判的判决中对不构成犯罪的违法行为作出的决定,是可异议的,被告和公诉人都可以提出,也可以由支付违法行为罚款的连带责任人提出。

对于确定上述违法行为的责任的刑事判决书,本法第 24 条规定的主体也可以提出异议。

适用时,要遵循刑事诉讼法典只对民事利益提出异议的规则。

第二十六条　分期支付罚款

适用罚款的司法或者行政机关,可以根据经济困难的利害关系人的申请,允许处罚分三到三十个月支付,但是每期不能低于15欧元。不论何时,债务在一次性支付后就消灭。

如果有一期付款没有根据司法或者行政机关规定的期限缴纳,义务人要一次性支付剩余罚款。

第二十七条　强制执行

除了第22条最后一款的规定,如果缴纳罚款超过规定的期限,发出强制令的机关可以根据征收直接税的规范,将一次性收取罚款的工作转移给省财政部门,财政部门交由征收人员统一征收,而不承担未征收的义务。

作出强制令的主体所在地的财政部门具有管辖权。

征收人在收回的款项中扣除手续费后将款项交给其接收者,手续费应当是正常手续费的百分之五十并且不超过总额的百分之二。

各大区可以对收取程序进行规定。

如果数额是根据第24条规定的通过判决或者刑事判决作出的,那么收回的款项还要依据诉讼费用的规定。

在不影响第26条规定的情况下,在迟交的情况下,每六个月数额要增长百分之十,从处罚可索还之时起算直到收取的权利转移给收款者。增长部分吸收了根据现行规定可能产生的利息。

关于收款者权限的规定适用直到直接税征收系统改革前。

第二十八条　诉讼时效

收回本法规定的违法行为的罚款的权利,从作出违法行为之日起五年内有效。

诉讼时效的中止适用于民法典的规定。

第二十九条　收益的转移

罚款的收益将移交给根据之前的法律应承担罚款或处罚的机构。

根据1935年6月20日第1349号关于货物运输服务的法律规定的违法行为的处罚收益,归国家所有。

第17条第3款规定的收益归大区所有。

在适用的情况下,则继续使用现行的分配标准。但是,有权作出罚款强制令的机关不参与分配,份额在有权机关之间根据各自比例分配。

第三十条　道路交通违法行为的考量

如果违法行为违反了由1959年6月15日主席令通过的道路交通综合法,以及1935年6月20日第1349号关于货物运输服务的法律规范,但没有构成犯罪,则产生暂扣和吊销驾驶证和行驶证的结果。

对于同样的违法行为,相关行政机关已经决定暂扣驾驶证或者行驶证,并且根据情况,已经支付了减轻罚款。暂停的措施可以在司法机关根据第23、24、25条的规定,排除了违法行为的责任后撤销。

在以上规定的情况,以及其他由行政机关或者其他机关吊销或者暂扣行驶证的情况下,措施要立即通知有管辖权的省民用车辆管理机关。

第三十一条　各地机关的措施

由各地机关作出的适用支付一定数额的行政处罚的措施,不受1953年2月10日第62号法律第41条规定的委员会的控制。

对强制令的异议由第22条和第23条规定。

第三节　轻罪和违法的轻刑化

第三十二条　对罚款和赔偿的行政处罚的替代

所有只被规定了罚款或赔偿的违法行为,不构成犯罪,处以支付一定数额金钱的行政处罚,除非是第39条规定的金融违法行为。

前款的规定不适用于在加重情形下的犯罪,其既可以适用拘留,也可以选择经济处罚。

第1款的规定不适用于可以被起诉的犯罪。

第三十三条　轻刑化的其他情况

不构成犯罪,作为支付金钱的行政处罚对象的,包括以下的违法行为:

a) 刑法典第669、672、687、693和694条;

b) 1931年6月18日第773号政令通过的公共安全法律汇编第121条和124条;1976年5月19日第398号法律没有废止的部分;

c) 1940年5月6日第635号政令通过的公共安全法规第121、180、181、186条;

d) 1959年6月15日第393号主席令通过的城市交通法规汇编第8条、第58条第8款、第72条、第83条第7款,已先后被1974年2月14日第62号法律、1974年8月14日第394号、1975年8月11日第367号法律以及1975年10月10日第486号法律修改;

e) 1969年12月24日第990号关于机动车和船只行驶的民事责任的强制保险的法律第32条第1款。

第三十四条　轻刑化的排除适用

第32条第1款不适用于以下的犯罪:

a) 刑法典的规定,除了第33条第a项规定的情形;

b) 1978年5月22日第194号关于自愿中止妊娠的法律第19条第2款;

c) 关于武器、弹药和爆炸物的法律规定;

d) 通过1934年7月27日第1265号政令通过的卫生法律汇编第221条;

e) 1962年4月30日第283号法律,后来被1963年2月26日第441号法律修改的关于食品卫生的规范,除了1962年4月30日第283号法律第8条和第14条规定的违法行为;

f) 1951年3月29日第327号关于婴儿和营养品的法规；

g) 1976年5月10日第319号关于保护水源免受污染的法律；

h) 1966年7月13日第615号法律关于防治大气污染措施的法律；

i) 1964年2月13日第185号主席令通过的1962年12月31日第1860号法律，关于和平使用核能的法律；

l) 关于城市规划和建筑的法律；

m) 关于劳动关系，包括劳动雇佣和社会保险的法律之后第35条的规定除外；

n) 关于预防劳动事故和劳动卫生的法律；

o) 1957年3月30日第361号主席令第108条和1960年5月16日第570号主席令第89条关于选举事务的规定。

第三十五条　违反强制性社会保障和救助的违法行为

所有违反了关于社会保障和救助法律规定要处以金钱补偿的行为，不构成犯罪，处以一定金额的行政处罚。

如果违法行为是全部或者部分不支付缴费和保险费，有救济和援助义务的团体或者机构可以发出第18条规定的强制令，同样的措施也可以用来强制债务人支付未支付的缴费和保险费，并且加上现行法律规定的民事处罚的金额。

对于其他的违法行为，一旦确定是由此行为导致完全或者部分没有支付缴费和保险费，相应的行政处罚可以由前款规定的团体和机构适用相同的强制令。

必要时可以适用第13、14、20、24、25、26、27、28、29和38条规定。

根据本文第2款发出的强制令，如果债务人同意，没有提出异议，或者异议被认为不可接受或被驳回，有对债务人的财产设定抵押权的权利。在异议的审理期间，抵押权也可以设立，只要初审法官认为有拖延的风险。

对于本条第1款规定的违法行为，并未构成完全或者部分不支付缴费和保险费,也不是第 3 款规定的行为,需要时则适用本章第一节和第二节的规定。

本条第 1 款的规定不适用于 1965 年 6 月 30 日第 1124 号主席令通过的工伤事故和职业病强制保险综合法第 53、54、139、157、175 和 246 条规定的违法行为。

第三十六条 遗漏或者迟延支付强制社会保障和救助的缴费和保险费

全部或者部分遗漏社会保障和救助的缴费和保险费的行政处罚,不适用于到期之后三十天内撤销的情况,或者雇主向前条第 2 款的机关或机构提出了本条第 2 款规定的推迟支付的申请。即使提出了推迟支付的申请,行政处罚仍然在以下情形下适用:

a) 雇主没有在相关机关或机构确定的期限内支付;

b) 雇主在驳回推迟支付的申请通知后二十日内仍然没有支付的。

对于前款 b 项规定的情形,如果推迟支付的申请在九十日内没有被通知接受,则视为驳回。

第三十七条 登记或强制申报的疏忽或错误

除非行为构成更加严重的犯罪,雇主为了全部或者部分不支付关于社会保障和救助的法律规定的缴费和保险费,不作登记或者申报,或者进行不属实的申报,要处以最高二年、每月不少于 2582.28 欧元,以及应付的捐款数额的百分之五十的处罚。

在不妨碍监督机构向检察官报告犯罪活动义务的情况下,一旦确定的行为成为行政或者司法上诉的对象,刑事措施在犯罪的通知根据刑事诉讼法典第 335 条规定的登记作出时中止,直到初审行政或者司法机关的决定作出为止。

确定的不能履行的合法化,包括迟延支付的合法化,使行为的犯罪性消灭。

有关机关要在九十日内通知司法机关合法化的事实,或者行政、

司法上诉的主要事实。(本款由2000年12月23日第388号法律第116条第19款替代)

第三十八条　应缴总额

第32条第1款规定的应缴总额等于单个违法行为规定的数额的罚款或者赔偿的总额。

作为行政处罚的应缴数额,对于刑法典第669条规定的违法行为,在10欧元到258欧元之间,对于刑法典第672条规定的违法行为,在25欧元到258欧元之间。

违反1962年4月30日第283号法律的违法行为罚款,在51欧元到516欧元之间;违反第14条最后一款的罚款,在25欧元到103欧元之间。

第三十九条　金融违法行为

金融方面的法律只处以罚款或罚金的违法行为,不构成犯罪,处以一定数额金钱的行政处罚。

如果金融方面的法律规定,除了罚金和罚款之外,还有经济上的处罚,应在前款规定上加上,统一进行处罚。(1993年12月28日第562号法律第2条修改本款)

第四节　过渡和最终措施

第四十条　在轻刑化法律之前的违法行为

本章的内容也适用于在本法生效之前的、相关刑事程序尚未结束的行为。

第四十一条　过渡性程序规范

司法机关对于没有构成犯罪的违法行为的刑事程序,自本法生效之日起暂停,如果不应当作出驳回裁定或无罪判决,则移交给有权机关处理。如果没有生效的法律规定,则从移交之时起算第14条规定的宣布违法行为的期限。

在本法生效之日生效的判决和可执行的判决作出的罚款和罚金，要重新根据执行罚款的规范作出，连同诉讼费用一起收取。

但这不影响根据第 20 条适用的附加处罚和没收。保留根据 1959 年 6 月 15 日第 393 号主席令通过的道路交通综合法中，以及 1935 年 6 月 20 日第 1349 号关于货物运输服务的法律中关于驾驶证和行驶证采取的措施。对于其他的情形适用刑法典第 2 条第 2 款。

第四十二条　废止的法律规定

废止 1967 年第 317 号法律、1967 年第 950 号法律第 4—5 条、1969 年第 1228 号主席令第 14—15 条、1971 年第 889 号法律第 13 条、1975 年第 706 号法律，以及其他与本法相冲突的法律规定。

第四十三条　生效

本章的内容在本法在意大利共和国官方公报公布后一百八十日生效。

奥地利

导　读

现行《奥地利行政罚法》颁行于1991年，是奥地利行政机关课予行政罚的法律依据。在奥地利，行政罚并非刑罚，也没有刑罚的法律效力，但行政罚与刑罚有密切的关联。近年来，奥地利法律制度的改革趋势之一就是不断以行政罚替代刑罚，或者说去刑罚化。

《奥地利行政罚法》共四章，分别是总则、行政罚程序、处罚执行和处罚消除等特别规定。第一章总则中规定了可罚性的一般前提、归责能力、责任、教唆和帮助、企行、行政罚的三种类型（罚款、限制条件下的自由罚、没收）、量罚和处罚的特别减轻等问题。第二章规定了管辖、时效、被追责人、辩护人、讯问、告诫、暂时放弃启动或继续处罚程序、通报传媒，以及作为确保追罚和处罚执行之手段的身份查明、拘捕、担保、扣押和强制等普遍适用于各种处罚程序的制度。对一般的违法行为，适用传讯、言辞审和作出处罚决定的普通程序。而对于轻微的违法行为，则通常适用简易程序。如果要实施处罚，该程序就会以一定数额罚款或没收的处罚决定、隐名处罚决定或者速决处罚决定而结束。第三章针对如何执行处罚，分别规定了执行自由罚和罚款的行政机关、程序和费用等问题。第四章则涉及处罚的消除、私人告发事项、就私法请求权之决定、对青少年处罚之特别规定和处罚程序之费用等事项。

奥地利行政罚法

张青波 译①

目 录

第一章 总则(第1—22条)
第二章 行政罚程序
  第一节 一般规定(第23—34a条)
  第二节 对追罚和处罚执行的确保(第34b—39a条)
  第三节 普通程序(第40—46条)
  第四节 简易程序(第47—50条)
  第五节 对决定的其他变更方式(第52—52a条)
第三章 处罚执行(第53—54d条)
第四章 处罚消除、特别的程序规定和程序费用(第55—70条)

---

① 张青波,男,1979年生,德国法兰克福大学法学博士,中南财经政法大学法学院副教授。

第一章　总　　则

可罚性的一般前提

第1条　1. 行为(作为或不作为)只有在其实施前业已被以处罚相威吓时,方可作为行政违法行为而受罚。

2. 按照行为时有效的法进行处罚,除非决定时有效的法在整体效果上对行为人更有利。

第2条　1. 若行政法规范无不同规定,只有于国内实施的行政违法行为可罚。

2. 如果行为人已经或本应已经在国内实施行为,或者归属于行为的结果发生在国内,行政违法行为即为于国内实施。

3. 任何人均不得因行政违法行为而被引渡至他国,外国行政机关对行政违法行为之处罚也不得于国内执行,除非国际条约中明确作出了不同的约定。

归责能力

第3条　1. 于行为时因意识障碍、精神活动的疾病障碍或痴呆而不能认知行为违法,或者不能据此认知而行为者,不罚。

2. 此能力于行为时由于上述原因之一而致相当降低者,应于量罚时作为减轻情节予以考虑。但这不适用于由于自我负责的醉酒所导致的意识障碍。

第4条　1. 行为时未满十四周岁者,不罚。

2. 行为人于行为时已满十四周岁,但未满十八周岁者(青少年),如其由于特殊原因未成熟到认知行为违法或据此认知而行为,不可受归责。

责任

第5条　1. 若行政法规范对责任无不同规定,过失行为亦应处罚。违背禁令或未遵奉要求即可认定为过失,如行政违法行为的事实构成无须产生损害或危险且行为人未证明其对行政法规范之违反无过错。

1a. 第1款第2句不适用于以高于5万欧元以上之罚款所威吓之行政违法行为。

2. 行为人对其所违反之行政法规范的不知,只有在行为人对不知无过错且行为人不知行政法规范即不能认知行为违法时,方可免责。

第6条 由紧急状态免责的行为,或者虽然符合行政违法行为之事实构成,但系由法律所要求或允许的行为,不罚。

教唆和帮助

第7条 故意促使他人实施行政违法行为者,或者故意援助他人实施行政违法行为者,受针对该违法行为之处罚,即使直接行为人本人不予处罚。

企行

第8条 1. 只要有行政法规范明确宣示行政违法行为之企行可罚,故意试图导致行为之实施者受罚。

2. 出于自愿而主动放弃、阻止实施或避免其结果者,不得因企行而受罚。

特别的追责情形

第9条 1. 只要行政法规范无不同规定且无指定负责之代理人(第2款),对于法人或已登记人合团体,有权对外代表者在行政罚法上负有遵守行政法规范之责任。

2. 有权对外代表者有权利且在为确保行政罚法之责任而有必要时,依行政机关要求有义务在其中间指定一人或多人作为负责之代理人,为整个企业或企业之一定空间或事项范围内负遵守行政法规范之责任。其他人也可被指定为组织之一定空间或事项范围内负责之代理人。

3. 拥有在空间或事项上设有分支机构之企业的自然人，可为其企业之一定空间或事项范围指定负责之代理人。

4. 负责之代理人只能是主要居所位于国内、可于行政罚法上被追责、以可证实之方式同意自己被指定并就清晰划归其负责之范围被赋予相应指示权的人。如通过与负责之代理人居所所在的成员国缔结之条约或以其他方式确保行政罚程序中之送达，国内主要居所之要求并不适用于欧洲经济区成员国公民。

5. 如负责之代理人根据指定方之特别指示而违反行政法规范，在负责之代理人能够证明遵守行政法规范对其不可期待时，不负责任。

6. 第1款意义上之有权对外代表者和第3款意义上之自然人，若故意未阻止违法行为，即便已指定负责之代理人，无论第7条情形如何，仍在行政罚法上负有责任。

7. 法人、已登记人合团体以及第3款提及之自然人就对有权对外代表者或负责之代理人所处之罚款、其他以金钱计算的不法后果和程序费用负连带担保责任。

处罚

第10条 1. 只要本法中无不同规定，处罚种类和幅度取决于行政法规范。

2. 只要对行政违法行为，特别是对地方警察法之违反，未规定特别处罚，则对这些行为课处218欧元以下之罚款或二周以下自由罚。

自由罚之课处

第11条 自由罚只得于为预防行为人再实施同类行政违法行为而必要时课处。

第12条 1. 自由罚最短期限为十二小时。超过二周之自由罚只得因特别加重事由所要求时，方得课处。不得课处长于六周之自由罚。

2. 若根据第11条而不得课处自由罚，应课处与自由罚一并对违法行为所威吓之罚款。若未规定罚款，应课处2180欧元以下之罚款。

罚款之课处

第 13 条　不考虑速决处罚决定,最低应课处 7 欧元之罚款。

第 14 条　1. 罚款只得于既不危及受罚者及其负有法律施加之抚养义务者的必要生计,也不危及履行赔偿义务的范围内收取。

2. 罚款之可执行性随被处罚人死亡而消灭。

罚款用途

第 15 条　只要行政法规范无不同规定,罚款及罚没物之价款

(1) 归行政罚课处地所在的州,用于社会救助;但在该州存在社会救助团体时,归该团体;或者

(2) 归联邦,只要联邦法律已由州警察部门负责实施。

替代自由罚

第 16 条　1. 课处罚款时应同时为其不能缴纳之情形确定替代自由罚。

2. 替代自由罚不得超过对行政违法行为所威吓之自由罚的最高程度,在没有以自由罚相威吓且无不同规定时,不得超过二周。不允许超过六周之替代自由罚。替代自由罚之确定根据量罚规则,无须考虑第 12 条。

没收

第 17 条　1. 只要行政法规范无不同规定,宣布没收只得针对行为人或共同责任人拥有所有权之物品,或处分权人本来须了解其物品交付他们后,将利于实施以没收相威吓之行政违法行为而仍为此交付之物品。

2. 根据第 1 款应没收之物品,如由并未作为行为人或共同责任人而参与可罚行为之他人证明其享有质权或取回权,只有在该他人有过失地促成该物品被用于可罚行为,或他在获得权利时知道或必定知道导致没收之可罚行为的实施之前提下,方可被宣布没收。

3. 在无人能被追责或处罚时,如果满足其他前提,可独立课处没收。决定可经由公告送达。

第 18 条 只要行政法规范无不同规定或者物品不必因为其特性而须销毁,被没收物品可被用于盈利。对此,可由命令进一步规定。

量罚

第 19 条 1. 量罚基础是行政罚法所保护之法益的意义以及违法行为对其侵害的强度。

2. 此外,在普通程序(第 40—46 条)中,根据所威吓之处罚的目标而有关的加重或减轻事由,只要其尚未确定所威吓之处罚,应相互权衡。特别要考虑责任之大小。刑法典第 32—35 条在考量行政罚法之特性的前提下应按其意义适用。在罚款之量罚时应考虑被追责人的收入和财产状况以及可能的注意义务。

预拘禁的折抵

第 19a 条 1. 行政机关和法院实施的管束性拘禁或调查性拘禁若未折抵其他处罚,并且行为人因所被处罚之行为或者在实施行为后因行政违法行为之嫌疑而遭受该拘禁,应折抵所课之处罚。

2. 若课不同种类之处罚,则预拘禁应先折抵自由罚。

3. 预拘禁折抵以金钱计量之不法后果的,起决定性作用的是对此的替代自由罚。

4. 只有行政机关已知待折抵之拘禁,或者被追责人在处罚决定作成前申请折抵,方可进行本条第 1 款之折抵。

处罚的特别减轻

第 20 条 若从轻事由之分量显著地强于从重事由或者被追责人是青少年,可降至最低罚的一半处罚。

数个可罚行为之同时发生

第 22 条 1. 只要行政法规范无不同规定,行政违法行为只有在未成就属于法院管辖之可适用刑罚的事实构成时,方属可罚。

2. 以多个独立行为实施多个行政违法行为者,或者一个行为受多个相互并不排斥之处罚威吓的,则各处罚应并行课处。此亦适用于行政违法行为与其他应由行政机关制裁之可罚行为同时发生的情形。

第二章　行政罚程序

第一节　一 般 规 定

第 24 条　只要本法无不同规定,行政罚程序亦适用《一般行政程序法》。《一般行政程序法》第 2 条、第 3 条、第 4 条、第 11 条、第 12 条、第 13 条第 8 款、第 14 条第 3 款第 2 句、第 37 条第 2 句、第 39 条第 3 至 5 款、第 41 条、第 42 条、第 44a—44g 条、第 51 条、第 57 条、第 68 条第 2 和 3 款、第 75 条和第 78—82 条不适用于行政罚程序。

第 25 条　1. 除第 56 条之情形外,行政违法行为依职权追究。

2. 有助于减轻被追责人之责任的情节应如加重其责任的情节一样受到考虑。

3. 如行政罚法所保护之法益的意义及行为对其侵害的强度低微,法院和行政机关无义务向其他机关告发行政违法行为之实施。

管辖

第 26 条　1. 若行政法规范就事务管辖无规定,行政罚事务由区行政机关管辖。

2. 在州警察部门为其初级安全机关的市镇之辖区内,州警察部门对其事务范围内之事项,管辖行政罚事务。

3. 行政法规范规定公共安全执法公务人员是否并在多大范围内通过实施本法所规范之权力参与处罚程序。

第 27 条　1. 地域管辖之行政机关是行政违法行为于其辖区内实施之行政机关,即使归属于行为的结果于其他辖区发生。

2. 若成立多个行政机关之管辖或行政违法行为于何者之辖区内实施并不确定,则由最先进行追究行为(第 32 条第 2 款)之行政机关管辖。

2a. 若行政违法行为未在国内实施,则其管辖如下:

（1）对于涉及企业之运营或其他持续活动之实施的行政罚事务：先根据企业运营或活动实施之地域，再根据被追责人之主住所，最后根据其居留地。

（2）对于其他行政罚事务：先根据追责人之主住所，再根据其居留地。

如这些管辖事由均不能考虑，则由最先获知（第 28 条）行政违法行为的行政机关管辖。

3. 公共安全执法公务人员之职务行为，无论于何处实施，均视为地域管辖之行政机关的职务行为。

第 28 条　若无根据第 27 条第 1 款之事由成就其他行政机关之管辖，则最先获知行政违法行为之行政机关，对追究有管辖权。

第 29 条　1. 行政机关对一行为人之处罚程序具有管辖权，也意味着其对所有共同责任人具有地域管辖权。

2. 对所有上述人员的处罚程序应尽可能同时实施。然而，出于合目的考虑，特别是为了加速程序，行政机关可以不一并实施程序，而是针对各共同责任人分别完成程序。

第 29a 条　如能在根本上简化或加速程序，管辖机关可将处罚程序或处罚执行移交被追责人之主住所或居留地位于其辖区的事务管辖机关。处罚程序只能移交同州的行政机关，处罚执行只能移交区行政机关或作为初级安全机关的州警察部门。

数个不同的可罚行为之同时发生

第 30 条　1. 若一个被追责人被控以由数个不同行政机关追惩之行政违法行为，或被控以行政违法行为和由行政机关或法院追惩之其他可罚行为，则各可罚行为应相互独立追究，即使数个可罚行为由同一行为所实施亦然。

2. 若一个行为只有在未构成落入其他行政机关或法院之管辖范围的可罚行为之事实情形时方可由行政机关所追惩，且上述情形是否满足存在疑问的，行政机关应当中止处罚程序，直至该问题由相关行政机关或法院作出终局决定。

3. 若行政机关在上述决定作出前已作成处罚决定,该决定得暂时不予执行。若后来情况表明行政罚程序本不应实施,行政机关应废弃处罚决定并终止程序。

4. 法院和相关行政机关应将根据本条第 3 款所执行之行政处罚折抵其对同一行为所课予之处罚。

时效

第 31 条 1. 如对个人于一年期间内未采取追究行为(第 32 条第 2 款),则不得对其进行追究。

该期限自可罚行为完成或停止之时点起算;若归属行为之结果后来产生,则自该时点起算。

2. 行政违法行为之可罚性经由时效完成而消灭。时效期间为三年,自本条第 1 款所定之时点开始。不计入该时效期间的包括:

(1)根据法律规定追究不能开始或继续之期间;

(2)由于行为人之行为而由检察院、法院或其他行政机关对其实施刑事程序之期间;

(3)程序在作出终局决定之前因涉及先决问题而被中止之期间;

(4)最高行政法院、宪法法院或欧盟法院所进行程序之期间。

3. 自其被有效地课予后业已经过三年之处罚,不得再予执行。不计入该时效期间的包括:

(1)最高行政法院、宪法法院或欧盟法院所进行程序之期间;

(2)处罚执行不被允许、中止、推迟或中断之期间;

(3)被处罚人在国外居留之期间。

被追责人

第 32 条 1. 自行政机关指向其的初次追究行为时起,直至处罚事项完结时止,具有行政违法行为之嫌疑者,为被追责人。被追责人是《一般行政程序法》意义上的当事人。

2. 追究行为是行政机关指向作为被追责人之个人的任何职务行

为(传讯、出庭令、讯问、讯问要求、告诫、处罚决定等),即使行政机关对此职务行为无管辖权、职务行为未达成目的或被追责人对此并不知晓。

3. 指向一位指定对外负责之代表(第 9 条第 1 款)的追究行为,视为指向其他指定对外负责之代表和负责之代理人的追究行为。指向企业家(第 9 条第 3 款)的追究行为,视为指向负责之代理人的追究行为。

辩护人

第 32a 条 在程序的任何阶段,被追责人皆有权联系、委托辩护人并不受监控地与其商议。可作为辩护人者是 1975 年《刑事诉讼法》第 48 条第 1 款第 5 项(《联邦法律公报》631/1975)提及的人士。

讯问

第 33 条 1. 对任何被追责人应于对其第一次讯问初始即了解其姓名、出生日期和地点、国籍、婚姻状况、职业、住址、收入和财产状况以及可能负有的注意义务。若对此的说明已存在于文件中,则应向被追责人出示以供其认可或纠正。

2. 被追责人应以其可以理解之语言,必要时受翻译人之帮助,被教示对其提出之指控、对有关事项为陈述或不陈述之权利、聘请辩护人之权利。教示情况和放弃聘请辩护人应以书面记录。

3. 被追责人不得被强制回答向其提出的问题。不得以强制手段、威胁、保证或欺骗逼迫或促使被追责人作出陈述。不允许将未获承认之事实假定为已被承认的提问方式。只有在被讯问人不能以其他方式对此予以澄清时,方可向被追责人展示只有通过其回答而确定之情节并提出相应问题;这种情形下的问题应逐字记录。被追责人不得以强制罚而被迫交出行为对象和证据。

告诫

第 33a 条 1. 若行政机关查明一个行政违法行为,且由行政罚法所保护之法益的意义和违法行为对其侵害之强度以及被追责人之责任轻微,在行政法规范无不同规定时,行政机关可为了尽可能有效终结可罚行为或可罚活动而对被追责人予以告诫,并在说明已查明之事实的条件下以书面要求其在合理期限内产生符合行政法规范和行政机关决定之状态。

2. 若于行政机关确定或延长之期限内,书面要求得到满足,则不得因已被恢复至符合行政法规范和行政机关决定之状态的相关行政违法行为,对被追责人再予追究。

3. 若行政违法行为对人身或财产产生不利影响,或者可罚行为或可罚活动的短期持续即可期待产生这种影响,则对行政罚法所保护之法益的侵害强度就绝非轻微。

4. 若查明只有对技术标准的微小偏离且不存在本条第 3 款提及之情形,对行政罚法所保护之法益侵害的强度视为轻微。

5. 本条第 1 款和第 2 款绝不适用于:

(1) 违反对可罚性要求故意行为之行政法规范的行政违法行为;

(2) 在查明前近三年内业已作为行政机关告诫和书面要求之对象的行政违法行为,或者对该行政违法行为于行政机关处尚存未履行之相关行政罚;

(3) 可能引发行政法规范所规定之暂时强制或保全措施的行政违法行为;

(4) 行政法规范对其规定了剥夺权利之措施的行政违法行为。

暂时放弃启动或继续处罚程序

第 34 条　行政机关可暂时放弃启动或继续处罚程序,只要

(1) 预计不可能追罚;

(2) 预计追罚将产生与行政罚法所保护之法益的意义及其被违法行为所侵害之强度相衡量不成比例的花费。

在决定上述判断之情形发生根本变化时,应启动或继续处罚程序。

通报传媒

第 34a 条 1. 行政机关负有义务根据下列各款之规定,并考虑公众符合实情地了解具公共意义之程序的利益,向传媒通报(《传媒法》第 1 条,载《联邦法律公报》314/1981)其所进行之调查程序。

2. 通报传媒只有在通报时点和内容不会侵害当事人人格权、无责推定原则和对公平程序的请求权时,方为允许。

3. 只要值得保护的保密利益与之对立或答复将有损调查程序之目的,不得答复。

第二节 对追罚和处罚执行的确保

身份查明

第 34b 条 若某人在实施违法行为时即被发觉,或在违法行为之后立刻被有根据地控以实施违法行为或被发觉带有显示其参与违法行为的物品,公共安全执法公务人员有权查明其身份。《安全警察法》(《联邦法律公报》566/1991)第 35 条第 2、3 款按其意义适用。

拘捕

第 35 条 在法律特别规定之情形外,公共安全执法公务人员得拘捕在实施违法行为时即被发觉者,以将其传讯于行政机关,若

(1) 留置机关不认识此人,他不能证明自己的身份,并且不能以其他方式立即确定其身份,或者

(2) 可以合理怀疑此人试图逃脱追罚,或者

(3) 此人不顾警告,顽固地继续实施或试图重复实施可罚行为。

第 36 条 1. 任何被拘捕人应立即移送至最近的对该事项有管辖权之行政机关,或在拘捕事由业已消失时即行释放。行政机关应立即讯问被留置人。若其行使获得辩护人辅佐之权利,除非对调查有严重妨碍或损害证据,讯问推迟至辩护人到场时;应以书面记录对获得辩护人辅佐之权利所作的此等限制。留置不得持续二十四小时以上。

2. 第53c条第1、2款按其意义适用于留置；只要存在充分的人工照明，可放弃充足日光之要求。

3. 被拘捕人应被允许在无不必要迟延的情况下，通知其亲属（《一般行政程序法》第36a条）或其他其所信任的人，并联系和委托辩护人。非奥地利公民之被拘捕人，还应被允许立刻将拘捕通知其祖国的领事代表，并与之取得联系。若被拘捕人本人对通知怀有顾虑，行政机关应进行通知。

4. 被留置人可被其亲属（《一般行政程序法》第36a条）、辩护人和其祖国的领事代表探访。第53c条第3—5款按其意义适用于通信和探访。

权利教示

第36a条 被追责人应于拘捕时立即或于拘捕后径行通过书面方式，以其可以理解之语言，告知其拘捕事由和对其提出的指控、查阅文件权和其他重要的程序权利（第33条第2款，第36条第1款最后1句、第3款第1、2句），以及有权获得紧急的医疗照顾。若不能以被追责人所理解之语言为书面教示，则应在翻译人帮助下口头对其教示，并向其补交书面译本。教示之情形应以书面记录。

担保

第37条 1. 在下列情形下，行政机关可以决定要求被追责人缴存适度保证金、交存质物或寻找愿意承担支付义务的合适公民作为担保：

（1）若可以合理怀疑被追责人试图逃脱追罚或处罚执行，或者

（2）若不然则追罚或处罚执行预计不可能，或追罚或处罚执行预计将产生与行政罚法所保护之法益的意义及其被违法行为所侵害之强度相衡量不成比例的花费。

2. 保证金不得超过所威吓之罚款的最高额。所要求之担保未立刻提供的，行政机关可扣押依迹象属于被追责人之具经济价值物品作为担保；其价值不超过所许可之保证金额度。

3. 于行政法院针对本条第 1 或 2 款之决定所提起之诉讼无延宕效力。

4. 若程序被中止,对被追责人所课予之处罚被执行,或者未在十二个月内宣布没收,则返还保证金。若被追责人缴存所要求之保证金,以其他方式提供担保或第三人证明其享有物权,则返还作为担保所扣押之物品。

5. 只要追罚或处罚执行已确定为不可能,应没收保证金。第 17 条按其意义适用。

6. 对没收的物品之利用适用第 18 条,从没收的保证金中先偿还尚存之所课罚款,然后是处罚程序之成本和保管、利用之成本。扣除上述款项之余额交予被追责人。此外,对被没收之保证金的用途适用与罚款相同之规定。

第 37a 条 1. 公共安全执法公务人员有权向在实施违法行为时即被发觉者收取暂时保证金:

(1) 若第 35 条第 1、2 项之拘捕条件成立,或者

(2) 如若不然

a) 追罚或处罚执行可能困难得多,或

b) 追罚或处罚执行将产生与行政罚法所保护之法益的意义及其被违法行为所侵害之强度相衡量不成比例的花费。行政法规范中的特别授权不受影响。第 50 条第 3、5 款,第 6 款第 1 句,以及第 8 款按其意义适用。

2. 暂时保证金不得超过所威吓之罚款的最高额。

3. 若本条第 1 款第 2 项之被发觉者未缴付保证金,执法公务人员可暂时保全依迹象属于其且价值不超过所威吓之罚款最高额的经济价值物品。

4. 收取暂时保证金时应立即出具收据。暂时保证金应立即附具报告上交行政机关。

5. 若程序被中止,对被追责人所课予之处罚被执行,或者未在十

二个月内根据第 37 条第 5 款宣布没收,则返还暂时保证金。第 37 条第 4 款最后 1 句按其意义适用。

证人

第 38 条 被追责人的亲属(《一般行政程序法》第 36a 条)、负责照料的人士、成年代理人、授权生效后的授权代表或由被追责人在上述之一方面代理之人,免予提供证言。

没收物品之扣押

第 39 条 1. 若怀疑发生了其处罚是没收物品之行政违法行为,则行政机关可为担保没收而指令对该物品之扣押。

2. 迟延有危险时,执法公务人员可依自己的权力暂时保全该物品。其应向利害关系人立即出具证明并向行政机关呈交报告。

3. 行政机关可指令缴存合乎应扣押之物品价值的款项,以替代扣押。

4. 若扣押因其他缘由而不可行,则应被扣押之物品所位于之不应被没收之空间,可被暂时查封;但其应尽早解封。

5. 若被扣押之物品可能很快腐烂或只能以不合比例之花费而保存且其保存对证据保全非属必要,则其可被公开拍卖或以行政机关应予确定之价格转让。价款替代被转让之物品。若及时缴纳足以负担保存费用之款项,不得因保存费用不合比例而转让。

6. 于行政法院针对根据本条第 1 款或第 3 款之决定所提起之诉讼无延宕效力。

强制权

第 39a 条 公共安全执法公务人员有权使用合比例和适当之强制,以行使第 34b 条、第 35 条、第 37a 条第 3 款和第 39 条第 2 款授予其之权力。于此,其行事应尊重人的尊严并尽可能顾全人身。对武器的使用,适用《武器使用法》(《联邦法律公报》149/1969)之规定。

第三节 普通程序

第40条 1. 若行政机关未根据告发或由此展开的调查结果而决定免于追究,则应给予被追责人申辩的机会。

2. 行政机关可为此目标传讯被追责人,或者要求其选择在一定时点应讯或在一定时点前提出书面申辩。被追责人应被教示有权于讯问时获得其选择之辩护人辅佐。

3. 若被追责人未居住在行政机关所在的市镇,行政机关可于被追责人所居住的市镇对其实施讯问。

第41条 1. 传讯令(《一般行政程序法》第19条)应含有:

(1) 清楚说明被追责人受指控之违法行为和相关行政法规范;

(2) 要求陈述可用于辩护之事实并提交可用于辩护之证据或及时告知行政机关该证据以便其能被收集而用于讯问。

2. 传讯令可警示被追责人,其若无正当事由未应讯,不听取其意见亦可实施处罚程序。这一法律效果只有在传讯令中已有警示且传讯令已送达被追责人本人时,方才产生。

第42条 1. 第40条第2款的要求应含有:

(1) 清楚说明被追责人受指控之违法行为和相关行政法规范;

(2) 要求被追责人于法定期限内以书面方式或于讯问时点以口头方式为自己辩解,并向行政机关告知可用于辩解之事实和证据,否则行政机关将实施处罚程序而不听取其意见。

2. 此要求应送达其本人。

第43条 1. 若向被追责人发出至调查机关接受讯问的传讯令或其被传至调查机关,处罚程序应以言辞审方式实施,并在收到必要证据后尽可能立即向其宣告决定(处罚决定或不予处罚决定)。

2. 决定若不能根据言辞审方式立即作成,只要参与言辞审之被追责人未弃权,应在作成处罚决定前给予其对于处罚决定中应被考虑之后续调查结论发表意见的机会。

3. 被追责人可邀请一位其所信任的非本案当事人人士参与言辞审。

4. 若被追责人于讯问时获辩护人之辅佐,辩护人得以在讯问结束后或相关讯问问题之后对被追责人提出补充问题或作出解释之方式,参与讯问。在讯问中,被追责人不得向辩护人咨询各问题之答案。

第 44 条 1. 言辞审过程之记录应含有:

(1) 行政机关;

(2) 被追责人之名与姓、出生日和地、国籍、婚姻状况、职业以及住址;

(3) 如果有,被追责人辩护人的姓名;

(4) 清楚标明指控被追责人之违法行为;

(5) 证人、鉴定人的重要陈述以及其他证据;

(6) 被追责人之辩解或承认;

(7) 决定;

(8) 理由(《一般行政程序法》第 60 条);

(9) 法律救济教示;

(10) 决定日期;

(11) 宣告日期。

2. 记录中的所有说明应尽可能简短。若本条第 1 款第 2—5 项所指向之说明已书面记载于文件中,在记录中简要指明相关文件即可。

3. 不必制作本条第 1 款指称之记录,

(1) 若被追责人无理由地未遵从按第 41 条第 2 款发出的传讯令或按第 42 条第 1 款第 2 项提出之辩解要求,且程序之进行未听取其意见(此时在文件中应注明已发出传讯令或要求辩解之事实);

(2) 若被追责人于调查机关或被请求协助机关处作出了完全之承认,并且未收集其他证据(此时应书面记载承认和言辞审日期)。

第 44a 条 非不予处罚之决定应包含:

（1）已证明之违法行为；

（2）行为所违背之行政法规范；

（3）所课予之处罚和所适用之法律条款；

（4）对可能存在的私法请求权之决定；

（5）在作出处罚决定的情况下就费用所作的决定。

第44b条 1. 任何处罚决定应含有对被追责人于行政法院程序中获得诉讼辩护人之辅佐权利的教示（《行政法院程序法》第40条，载《联邦法律公报》33/2013）。

2. 本条第1款不适用于以下行政违法行为：

（1）被威吓以7500欧元以下之罚款且无自由罚者，或者

（2）已对其按照第四节之规定实施了程序者。

第45条 1. 行政机关应放弃开启或继续处罚程序，并决定不予处罚，若

（1）指控被追责人的违法行为不能证明或不构成行政违法行为；

（2）被追责人未实施指控的行政违法行为，或者存在取消或排除可罚性之事实；

（3）存在排除追责之事实；

（4）行政罚法保护之法益的意义、法益被违法行为所侵害之强度和被追责人的责任轻微；

（5）追责为不可能；

（6）追责将产生与行政罚法保护之法益的意义及其被违法行为所侵害之强度相衡量不成比例的花费。

在上述第4项情形下，如为阻止其实施同类可罚行为而显得必要，行政机关也可不作出不予处罚决定，而是向被追责人提示其行为的违法性，并对其作出警告决定。

2. 作出不予处罚决定，只需附理由的注明，除非一方当事人有权在行政法院针对该决定提起救济请求或者出于其他理由有必要作成决定。不予处罚，只要未作成决定，应告知被追责人，若其根据文件内

容已知悉其所遭受之怀疑。

第 46 条 1. 对有权在行政法院针对决定提起救济请求之当事人，若决定并未向其口头宣告，应依职权送达决定之副本。否则，书面副本只依当事人请求而送达。

1a. 若被追责人并不充分通晓德语，则应对处罚决定附具被追责人所理解之语言的译本。只要不违背公平之程序，该译本可替换为重要内容之节译。翻译处罚决定之义务不适用于被威吓以 7500 欧元以下之罚款且无自由罚之行政违法行为，或者已对其按照第四节之规定实施了程序之行政违法行为。

2. 决定书面副本应含有行政机关名称、当事人姓名及住址、决定、理由、法律救济教示、按第 44b 条于行政法院程序中获得诉讼辩护人之辅佐权利的教示以及决定之日期。

3. 对士兵所课予之处罚，应告知其纪律长官。

第四节　简　易　程　序

处罚决定

第 47 条 1. 若法院、行政机关、公共监督执法公务人员或执勤军官基于自身履职或向其作出之承认而获知行政违法行为，或者由借助摄像技术设施而得到之交通监控确定可罚行为，则行政机关可无须通过其他程序而作成 600 欧元以下之罚款决定。若被扣押之物品价值不超过 200 欧元，处罚决定亦可对扣押物品或其孳息加以没收。

2. 只要行政法规范无不同规定，最高行政机关可为了加快程序而以命令确定若干行政违法行为之事实构成，行政机关得在考虑到第 19 条第 1 款之前提下，并在预先确定之罚款幅度内，对这些违法行为作成 500 欧元以下的罚款决定。

第 48 条 处罚决定必须说明：

(1) 作成处罚决定之行政机关；

(2) 被追责人之姓名和住址；

(3) 被认为已证明之违法行为及其实施之时间、地点；

(4) 违法行为所违背之行政法规范；

(5) 所课予之处罚和所适用之法律规定；

(6) 必要时就由被追责人所承担之费用的决定；

(7) 有关申请复议之教示。

第 49 条 1. 被追责人可在处罚决定送达后二周内申请复议并呈交利于其辩解的证据。复议请求也可口头提出。其应递交于作成处罚决定之行政机关处。

2. 若复议请求被及时递交且未于二周内撤回，则应开启普通程序。复议请求视为第 40 条意义上的申辩。若于复议请求中仅明确请求撤销被课予处罚之程度或费用之决定，则作成处罚决定之行政机关应就此作出决定。在其余情况下，复议请求导致整个处罚决定失效，只要复议请求未于二周内撤回。经复议作出的处罚决定不得课予重于原处罚决定之处罚。

3. 若未申请复议、未及时申请复议或者撤回申请，应执行处罚决定。

隐名处罚决定

第 49a 条 1. 只要行政法规范无不同规定，最高行政机关可为了加快程序而以命令确定若干行政违法行为之事实构成，行政机关得在考虑到第 19 条第 1 款之前提下，并在预先确定之罚款幅度内，通过隐名处罚决定对这些违法行为处以 365 欧元以下之罚款。

2. 若最高行政机关借助符合本条第 1 款之命令事先规定了罚款，而且对违法行为的获知基于公共监督执法公务人员之履职或借助摄像技术设施而得到之交通监控，则行政机关可以隐名处罚决定处以无替代自由罚之罚款。

3. 隐名处罚决定必须说明：

(1) 作成处罚决定之行政机关和制发日期；

(2) 被认为已证明之违法行为及其实施之时间、地点；

(3) 违法行为所违背之行政法规范；

(4) 所课予之处罚和所适用之法律规定；

(5) 就以本条第 6 款所作规制之教示。

4. 隐名处罚决定应附对罚款金额之可汇款支付的转账单。转账单应含有可被自动设施读取之识别号。第 50 条第 5 款按其意义适用。

5. 隐名处罚决定应送达一位人士，行政机关可有理由认定，该人士或根据第 9 条向其负责之机构认识或容易找到违法行为人。

6. 隐名处罚决定非追责行为，对其不得提起法律救济。若在其制发四周内罚款未借助转账单（本条第 4 款）而被缴纳，则隐名处罚决定即为无用。隐名处罚决定无用后，行政机关应尽可能调查事实并开始寻找未知之违法行为人。所决定之罚款金额或更高金额被转入转账单所给定之账户，视为借助转账单（本条第 4 款）按期缴纳罚款，若转账委托书含有可被自动设施读取之完整、正确的转账单识别号，且罚款金额被按期记入转账收款人之账户。

7. 若罚款金额被借助转账单（本条第 4 款）按期支付，行政机关应放弃查找未知之违法行为人，并且不采取任何追责行为。

8. 隐名处罚决定既不得在官方通告中提及，也不得在行政处罚程序之量罚中被考虑。超出本条第 5、6 款之外，任何将有关信息和隐名处罚决定之信息于自动设施处理的信息交换过程中相联通之行为，皆不允许。隐名处罚决定之信息最迟于其无用或罚款被缴纳后六个月内，在实体上删除。

9. 若罚款金额于本条第 6 款指称之期限到期后被支付或未借助转账单（本条第 4 款）被支付，并且被追责人在行政处罚程序中证明了该支付，则该笔金额应被退还或折抵。

10. 若比隐名处罚决定确定之罚款更高之金额于本条第 6 款指称之期限内借助转账单被支付，其差额应扣除 2 欧元后返还；若差额不超过 2 欧元,则不予返还。

速决处罚决定

第 50 条 1. 行政机关可授权受过特殊培训的公共监督执法公务人员,对一定的由其依职权发现或向其承认的行政违法行为,以速决处罚决定收取罚款。只要行政法规范无不同规定,最高行政机关可为了加快程序而以命令确定若干行政违法行为之事实构成,对这些行政违法行为得在考虑到第 19 条第 1 款之前提下,并在预先确定之罚款幅度内,以速决处罚决定收取 90 欧元以下罚款。

2. 行政机关还可授权执法公务人员(本条第 1 款)向受罚人递交或在无确定之受罚人时于行为处留置对罚款金额之可汇款支付的转账单。转账单应含有可被自动设施读取之识别号。

3. 行政机关在认为必要时可对执法公务人员(本条第 1 款)取消授权。

4. 速决处罚决定应说明违法行为、其实施的时间地点、罚款金额和以其名义实施处罚之行政机关。如使用符合本条第 2 款之转账单,执法公务人员还应记录向行政机关提交报告之必要信息。

5. 速决处罚决定所用之表格形式、其出具之方式、对待表格和所收取之罚款的方式,由联邦政府的命令加以规制。

5a. 若由行政罚法所保护之法益的意义和违法行为对其侵害之强度以及被追责人之责任轻微,执法公务人员(本条第 1 款)可以速决处罚决定免于收取罚款;于此情形无须向行政机关提交报告。但执法公务人员于此情形中可以适当方式让受罚人注意其行为的违法性。

6. 对速决处罚决定不得提起法律救济。若受罚人拒绝缴纳罚款或受领转账单(本条第 2 款),速决处罚决定即为无用。对转账单(本条第 2 款)于二周期限内未支付,视为拒绝缴纳罚款;该期限自转账单被留置于行为处或递交于受罚人之日终了时起算。在拒绝缴纳罚款或受领转账单(本条第 2 款)时,应向行政机关提交报告。应收取之罚款金额或更高金额被转入转账单所给定之账户,视为借助转账单(本条第 2 款)按期缴纳罚款,若转账委托书含有可被自动设施读取之完整、正确的转账单识别号,且罚款金额被按期记入转账收款人之账户。

7. 若罚款金额于本条第 6 款指称之期限到期后被支付或未借助转账单(本条第 2 款)被支付,并且被追责人在行政处罚程序中证明了该支付,则该笔金额应被退还或折抵。

7a. 若比速决处罚决定收取之罚款更高之金额于本条第 6 款指称之期限内借助转账单被支付,其差额应扣除 2 欧元后返还;若差额不超过 2 欧元,则不予返还。

8. 行政机关可授权公共安全执法公务人员(本条第 1 款)准许受罚人以一定外汇或者支票、信用卡缴付应收取之罚款。若罚款以信用卡缴付,则与信用卡企业协议之折扣由罚款流向的机构获得。

9. 公共安全执法公务人员有权实施本条第 1、2、8 款中的行为。

第五节 对决定的其他变更方式

不利于被追责人之程序重启

第 52 条 由不予处罚决定所终结之处罚程序只允许在第 31 条第 1 款指称之期限内重启。

依职权的变更与废弃

第 52a 条 1. 明显违背法律而不利于被处罚人之处罚决定,即使不再受到行政法院之审查,也可由行政机关或事务相关的上级机关于实施监督权的过程中依职权废弃或变更。《一般行政程序法》第 68 条第 7 款按其意义适用。

2. 处罚之后果应予补救。只要这不可能,就按照 2005 年《刑事赔偿法》(《联邦法律公报》125/2004)赔偿。赔偿义务由行政机关以其名义在相关事务中行事之法律主体承担。

第三章 处 罚 执 行

自由罚的执行

第53条 1. 自由罚于行政机关或按照第29a条受移交执行处罚之行政机关的监禁所执行。若这些行政机关不能执行处罚或受处罚人提出要求,则应请求距被处罚人经常居所最近的、设有监禁所的区行政机关或州警察部门执行。若这些行政机关也不能执行,则应请求被处罚人经常居所位于其辖区的法院拘押所首长执行。只要不妨碍其他法定任务,该首长应配合请求。

2. 若与法院判处之自由罚直接相关联,或者不然就会被课处审前羁押的,则由行政机关所课之自由罚也得于法院的拘押所执行;被处罚人同意时,相关联之自由罚亦允许于刑罚执行机构执行。

管辖行政机关

第53a条 直至受处罚人开始受罚前,与自由罚执行相关的所有指令和决定由行政机关或按照第29a条受移交执行处罚之行政机关承担。开始受罚后,只要无执行法院管辖,这些指令和决定由按照第53条承担执行之行政机关(处罚执行机关)负责。

自由罚执行之开始

第53b条 1. 未立即受罚之自由的被处罚人,应被要求于合适的一定期限内开始接受自由罚。

2. 若被处罚人未遵从开始受罚之要求,则其应被强制递解。如对其可能逃脱自由罚之执行存在有理由的顾虑,无须事先要求即可立即递解。第36条第1款第2句和第36条第3款应予适用。

3. 若行政法院课处自由罚之判决于高等行政法院被提起上告或于宪法法院被提起诉愿,则自由罚之执行应待相应裁判作出。此不适用于本条第2款第2句之前提满足时。

执行之实施

第53c条 1. 被拘禁人得穿着其自己的衣服,并适当工作,但对工作不负义务。如根据现有设施既不会妨碍监控和秩序,也不会造成不成比例的额外行政花费,他得为自己供应伙食。被拘禁人应尽可能与按照不同于本法之条款而被拘押之被监禁人分开拘押,男性与女性必须分开拘押。

2. 被拘禁人应被安置于配有简便并合目的之设施的、有充分空间并有充足日照的房间。拘押室应有良好通风并于寒冷季节供暖。在夜晚睡眠时间外的天色昏暗时,房间应被照明以便被拘禁人能够无损其视力而阅读和工作。应确保被拘禁人能够随时促使看守获知其必须立刻行动之事故。

3. 对被拘禁人之通信不得限制,只能以抽检实施监控。明显旨在准备或继续可罚行为或对其进行掩盖的文书,应予扣留。邮寄的金钱或包裹应放行。包裹应于被拘禁人在场时打开。但可能危及安全与秩序的物品,只得于其释放时递交被拘禁人,只要该物品不会因为其性质而必须销毁。

4. 被拘禁人得在工作时间内接受探访,只要这在必要监控之下有可能且不危及安全和秩序或损害设施的运转。

5. 被拘禁人与国内行政机关、法律辅佐人以及约束奥地利之国际人权保护公约所设置的机构之间的通信和接访,既不得被限制,也不得在内容上被监控。对外国被拘禁人与其本国领事代表之间的交流,亦同。

6. 最高行政机关应对区行政机关或州警察部门之监禁所中的处罚执行,颁布家宅规则。其中应根据秩序维持并在有意义地考虑到《刑罚执行法》(《联邦法律公报》144/1969)中的刑罚执行原则及空间和人员状况的前提下,规范被拘禁人的权利和义务。对于被拘禁人,《刑罚执行法》第76条以下关于事故照顾之规范按其意义适用。最高行政机关决定其应获之待遇。

法院拘押所和刑罚执行机构中的执行

第 53d 条 1. 只要本法无不同规定,对法院拘押所和刑罚执行机构中的自由罚之执行,按其意义适用《刑罚执行法》中关于刑期不超过十八个月之自由罚执行的规定,只要其与行政机关所课之自由罚的事由和期限并不有失比例,但不包括第 31 条第 2 款、第 32 条、第 45 条第 1 款、第 54 条第 3 款、第 115 条、第 127 条、第 128 条、第 132 条第 4 款、第 149 条第 1 款和第 4 款。执行法院之决定由独任法官作出。

2. 只要被拘禁人应获得劳动报酬,该报酬应扣除执行费(《刑罚执行法》第 32 条第 2 款第 1 种情形和第 3 款)后全部列入家庭津贴。

3. 若自由罚根据第 53 条第 2 款于刑罚执行机构执行,则在刑罚执行中所发放之报酬和权益也应对行政机关所课之自由罚的执行维持。

对青少年自由罚之执行

第 53e 条 1. 青少年被拘禁人应和成年人分开。

2. 1988 年《青少年法院法》(《联邦法律公报》599/1988)关于青少年刑罚执行之条款,按其意义适用于法院拘押所或刑罚执行机构中对青少年之处罚的执行。

不容许的自由罚执行

第 54 条 1. 对精神病人、罹患重病人士和不满十六周岁的青少年,不得执行自由罚。

2. 对怀孕或分娩的被处罚人,应中止自由罚的执行,直至分娩八周以及幼儿尚受其照料期经过后,但最长到分娩后经过一年。但如被处罚人要求,自由罚仍可被执行。

3. 依军事部队请求,对服现役或预备役之士兵,或者在联邦军队行动(2001 年《国防法》第 2 条第 1 款,载《联邦法律公报》146/2001)中或在行动的直接预备阶段中对其他士兵中止自由罚的执行。依民役机构请求,对服民役者的自由罚之执行,亦应中止。

处罚执行的推迟和中断

第 54a 条 1. 依被处罚人申请,出于重要理由可推迟处罚执行,特别是当

(1) 由于自由罚的立即执行,被处罚人的盈利机会或依法有权要求其扶养者必要的生计受到威胁,或者

(2) 涉及其亲属的(《一般行政程序法》第 36a 条)紧迫事务应被处理。

2. 依被处罚人申请,出于重要事由(本条第 1 款)可准许中断自由罚的执行。处罚执行的中断期不记入服罚期。

3. 如被处罚人由于行政机关所课之处罚在最近六个月已未间断地被拘禁六周,并且被处罚人未明确赞同处罚执行,处罚执行应依申请或依职权至少推迟或中断六个月。

4. 若第 53b 条第 2 款第 2 句之前提出现,对处罚执行推迟或中断不得准许,或者推迟或中断之准许应依职权废止。

罚款的执行

第 54b 条 1. 有效课处之罚款或其他以金钱度量之处罚后果,应在生效后二周内支付。若在此期限内未支付,其可通过设置最长二周的合理期限而被催缴。该期限经过后,应执行处罚后果。若有理由假定,被处罚人不愿意支付或处罚后果不能收取,则不必催缴,并应立即执行或者根据本条第 2 款行事。

1a. 根据本条第 1 款催缴时,应缴纳总计 5 欧元的成本费。该成本费归承担行政机关之经费的地域团体。

1b. 作为收取已变为可执行之催缴费的基础,应出具滞期证明,其应含有被处罚人姓名、住址、总估的费用及催缴费已变为可执行之备注。滞期证明是执行法(《帝国法律公报》79/1896)第 1 条意义上的执行名义。

2. 只要罚款不能收取或对此可有理由假定,应对未支付之款额执行相应的替代自由罚。只要未支付之罚款被缴纳,应停止执行替代

自由罚。对此应在开始受罚之要求中指明。

3. 对出于经济原因不能期待立即支付的被处罚人,行政机关可依申请准许适度的推迟或部分支付,借以推迟处罚的执行。部分罚款之缴纳只得在附如下指示时方为允许:如被处罚人两次分期缴付迟延,则所有未支付之款项应立即缴付。

自由罚执行之费用

第54d条 1. 自由罚执行之花费由作为自由罚于其中被执行之机构的法律主体之地域团体承担。

2. 除第53d条第2款之情形外,被拘禁人应对每个拘禁日,按照《刑罚执行法》第32条第2款第2种情形所规定之额度,支付执行费。被拘禁人为地域团体之利益所作的有益工作之每一日,或者只要其对不能完成此类工作既无故意又无重大过失的,不产生此一支付义务。

3. 执行费于执行结束后通过行政决定确定,在由法院拘押所或刑罚执行机构执行时通过执行法院之决定确定,如该费用未被轻易缴纳或者明显不能收取。索回执行费按照《行政执行法》有关收取金钱给付之规定,在其由执行法院确定时按照收取法院所确定之费用应适用之规定。

4. 执行费归根据本条第1款承担处罚执行之花费的地域团体。其不能收取之费用由自由罚于其辖区内被课处之地域团体补偿。

第四章 处罚消除、特别的程序规定和程序费用

处罚的消除

第55条 1. 只要法律无不同规定,因行政违法行为而被课之处罚决定不产生任何消极法律后果,并于决定生效五年后视为消除。

2. 被消除之行政处罚不得于以处罚程序为目的之官方通报中提及,也不得于行政处罚程序之量罚中被考虑。

私人告发事项

第 56 条　1. 只有在被害人自其获知行政违法行为和行为人身份之时六周内,向主管行政机关提出处罚请求(私人告发者),才追究并处罚侵犯名誉的行政违法行为。

2. 私人告发者是《一般行政程序法》意义上的当事人。他可在任何时候撤回追责请求。若其无正当理由未遵从传唤,或在法定期限内未遵从行政机关有关程序的其他要求,即假定其已撤回追责请求。在这些情形中,程序应中止。

3. 私人告发者有权于行政法院对中止提起救济请求。

就私法请求权之决定

第 57 条　1. 只要行政机关根据各行政法规范于处罚决定中也要决定源自行政违法行为之私法请求权,则请求权人是《一般行政程序法》意义上的当事人。

2. 请求权人无权对处罚决定中就其私法请求权所作之决定提起法律救济。但只要行政处罚程序未向其认可这些私法请求权,他就可决定以普通法律救济途径主张法律救济。

3. 被追责人对就私法请求权之决定,只能以于行政法院提起之救济请求诉争。

对青少年之特别规定

第 58 条　1. 行政机关应于针对青少年之处罚程序中尽可能利用公共学校(教育)机构和青少年部门以及从事照顾青少年并愿意为行政机关效劳之人士和团体的帮助。这种帮助尤其是指调查青少年个人状况、照顾其个人以及对其程序中所需要的辅佐。

2. 对于行为时未满十六周岁之青少年,不得课处自由罚。对其他青少年得课处二周以下之自由罚,如出于特别理由而应如此;由此并不影响同样不得超过二周之替代自由罚的执行。

第 59 条　1. 如行政机关认为对青少年被追责人之利益有必要或合目的,应向其所知的法定代理人通知处罚程序之开启和处罚决定。

2. 只要不会引起拘传之不适当的延长,公共安全执法公务人员或行政机关对因行政违法行为之嫌疑而被拘捕之青少年的询问或讯问,应依其请求受其法定代理人、监护人、幼儿或青少年照顾机构之代表、青少年法院辅助机构之代表或教养辅助机构之代表的辅佐。

3. 青少年被追责人可于言辞审时获得两位其所信任的与本案无关之人士的辅佐。

4. 对青少年应教示其拘捕后根据本条第 2 款享有之权利和传讯中根据本条第 3 款享有之权利。

第 60 条　青少年被追责人之法定代理人有权为被追责人之利益而违背其意志,提出查证申请、于对被追责人允许之期限内提出救济请求、申请恢复原状或申请重启程序。

第 61 条　对青少年被追责人可依职权为其指定辩护人,如法定代理人参与可罚行为,或者因被追责人欠成熟之精神状况而必要或合目的且法定代理人之辩护出于某种原因而不奏效。行政机关之公务员或其他适合之人士可被指定为辩护人。

第 62 条　若行政机关获知要求监护机关采取措施之事实,则应将此事实通知监护法院。

第 63 条　(已删除,官方通告之第 3 条第 2 款)

处罚程序之费用

第 64 条　1. 在任何处罚决定中应宣告被处罚人应缴纳处罚程序之费用。

2. 该费用对初决程序计为所课处之罚款的百分之十,但至少为 10 欧元;对自由罚费用之计算为每日 100 欧元。此费用归承担行政机关之花费的地域团体。

3. 如在行政处罚程序中产生现金花费(《一般行政程序法》第 76 条),应由被处罚人承担对此花费的补偿,只要其并非由他人之过错所致;所应补偿之款项,按其数额,于适当时在决定(处罚决定)中确定,否则在其他决定中确定。这不适用于为被追责人提供翻译人所产生的费用。

4. 如有理由假定其不会成功,可不索回程序费或执行费(本条第1款和第54d条)及现金花费。

5. 第14条以及第54b条第1、1a和1b款按其意义适用。

6. 若被处罚人处罚程序重启之申请未予准许,上述规定按其意义适用于其承担程序费用之义务。

第65条 (已废止)

第66条 1. 若处罚程序被中止或所课之处罚由于程序之重启而被废弃,程序费用由行政机关承担或于已支付时返还。

2. 于上述情形中,私人告发者只承担由其告发事实上所产生的费用。

指示参照

第67条 只要本法中指示参照其他联邦法律之条款,则它们均应按其有效之版本而适用。

欧盟指令之实施

第68条 1.《联邦法律公报》57/2018刊载之第46条第1a款和第64条第3款之版本致力于实施关于处罚程序中获得口译和翻译权之2010/64欧盟指令(2010年10月26日《官方公报》L 280,第1页)。

2.《联邦法律公报》57/2018刊载之第33条第2款、第36a条、第44b条和第46条第1a款致力于实施关于处罚程序中获得教示和告知权之2012/13欧盟指令(2012年6月1日《官方公报》L 142,第1页)。

3.《联邦法律公报》57/2018刊载之第32a条、第33条第2款、第36条、第40条第2款、第43条第4款和第44条第1款第3项致力于实施关于处罚程序和执行欧盟拘捕令程序中获得法律辅佐权、自由被剥夺时告知第三人权以及自由被剥夺过程中与第三人和领事机关交流权之2013/48欧盟指令(2013年6月11日《官方公报》L 294,第1页)。

4.《联邦法律公报》57/2018刊载之第34a条致力于实施关于处

罚程序中强化无罪推定及审理的在场权之若干方面之 2016/343 欧盟指令(2012 年 6 月 1 日《官方公报》L 142,第 1 页)。

生效

第 69 条 1.《联邦法律公报》867/1992 刊载之第 50 条第 1 款于 1993 年 1 月 1 日生效。

2.《联邦法律公报》666/1993 刊载之第 51 条第 1 款于 1993 年 10 月 1 日生效。

3.《联邦法律公报》799/1992 刊载之第 53d 条第 1、2 款和第 54d 条第 1 款于 1994 年 1 月 1 日生效。

4.《联邦法律公报》620/1995 刊载之第 24 条,第 29a 条第 2 句,第 31 条第 3 款最后 1 句,第 44 条第 1 款第 2 项,第 48 条第 1 款第 2 项,第 49 条第 2 款最后 1 句,第 51 条第 1、3、6、7 款,第 51e 条,第 51h 条第 3、4 款,第 51i 条,第 52 条前的标题和第 52a 条前的标题,第 53b 条第 2 款最后 1 句,以及第 66a 条和第 66b 条前的标题于 1995 年 7 月 1 日生效。

5.《联邦法律公报》620/1995 刊载之第 51b 条于 1995 年 6 月 30 日后失效。

6.《联邦法律公报》620/1995 刊载之第 51 条第 1 款继续适用于直至 1995 年 6 月 30 日仍进行言辞审之程序。

7.《联邦法律公报》620/1995 刊载之第 49 条第 2 款最后 1 句适用于 1995 年 6 月 30 日后作成之决定。《联邦法律公报》620/1995 刊载之第 51 条第 3 款适用于 1995 年 6 月 30 日之后提起上诉之案件。

8.《联邦法律公报》158/1998 刊载之第 54 条第 3 款于 1998 年 1 月 1 日生效。《联邦法律公报》158/1998 刊载之第 9 条第 1、3、4、7 款,第 24 条,第 29a 条,第 31 条第 1 款,第 32 条第 3 款,第 33 条第 1 款第 1 句,第 49a 条第 4、6 款,第 50 条标题,第 50 条第 2、6、8 款,第 51 条第 3、5、7 款,第 51a 条连同标题,第 51c 条连同标题,第 51d 条连同标题,第 51e 条,第 51f 条第 3 款,第 51i 条,第 52a 条标题,第 52a 条第 1

款,第52b条连同标题,第56条第3款,第65条,第66a条连同标题于1999年1月1日生效。第51a条后的标题于1998年12月31日后失效。

9.《联邦法律公报》26/2000刊载之第15条于2000年1月1日生效。同法第54d条于1997年1月1日生效。

10.《联邦法律公报》137/2001刊载之第9条第4款,第12条第2款,第13条,第37条第2、6款,第37a条第1款、第2款第2项、第3款、第5款,第47条第1、2款,第48条第1款第2项,第49a条第1款,第50条第1、6款,第51条第1款,第51c条,第51e条第3款第3项,第54a条第3款和第64条第2款于2002年1月1日生效。同法第54c条失效。

11.《联邦法律公报》65/2002刊载之《行政改革法》(2001)的第21条第1a、1b款,第24条,第51c条和第51e条第3款第3项于2002年1月1日生效,但不早于该部法律公布之次日。

12.《联邦法律公报》117/2002刊载之第4条第2款、第47条、第49a条第1款和第50条第1款于2002年8月1日生效。同法第52b条最后1句失效。

13.《联邦法律公报》3/2008刊载之第2条第3款,第9条第1、7款,第15条第2项,第26条第2款,第29a条,第51g条第3款第1项,第52a条第2款,第53条第1款,第53c条第6款和第54第1、3款于本法公布之日生效。1991年《行政罚法之过渡法》(公布于《联邦法律公报》52/1991)附件2于此时失效。

14.《联邦法律公报》5/2008刊载之第10条于2008年1月1日生效。

15.《联邦法律公报》135/2009刊载之第26条第1款,第36条第3款第1句、第4款第1句,第38条前的标题和第38条于2010年1月1日生效。

16.《联邦法律公报》111/2010刊载之《预算辅助法》第50条第3

款于2011年1月1日生效。

17.《联邦法律公报》100/2011刊载之第19条第2款,第33条第1款,第36条第3、4款,第44条第1款第2项,第46条第2款,第48条第1款第2项,第51a条第1款,第54条第3款和第54a条第1款第2项于2012年1月1日生效。

18.《联邦法律公报》50/2012刊载之第36条第4款于2012年1月1日生效。《联邦法律公报》50/2012刊载之第15条第2项、第26条第2款、第29a条、第53条第1款和第53c条第6款于2012年9月1日生效。

19.《联邦法律公报》33/2013所刊载之

(1)第9项表述之第26条第2款于2012年9月1日生效;

(2)第1条第2款、第22条连同标题、第8项表述之第26条第1款、第27条第2a款、第30条第3款第1句、第43条第2款、第51条第7款、第55条第1款、第57项表述之第64条第2款和第64条第3a款于本法颁布之月结束后生效;

(3)第19条第1款,第25条第3款,第31条连同标题,第32条第2款,第34条,第37条第1、2、4、5款,第37a条,第41条,第44条第3款第1项,第45条第1款,第47条,第48条,第49a条第1、2、6款,第50条第1、5a款,第52条,第54b条第1、1a、3款以及第64条第5款于2013年7月1日生效;同法第21条连同标题失效;只要行政法规范对处罚决定、隐名处罚决定、速决处罚决定所规定之最高处罚幅度低于第47条、第49a条第1款和第50条第1款之规定,这些条款同样失效;

(4)第24条第2句、第10项表述之第26条、第30条第3款第2句、第37条第3款、第39条第6款、第45条第2款第1句、第46条第1款、"第5节"之节名、第52a条第1款、第53条第1款第1句、第53a条第1句、第56条第3款、第57条第3款、第64条第1款、第58项表述之第64条第2款和第66条第1款于2014年1月1日生效;同法第

23条、第2章第5节连同标题、第52b条连同标题、第56条第4款、第64条第3a款和第65条失效。

20. 对《联邦法律公报》57/2018刊载之联邦法律所修改或引入之条款的生效,及其废止条款的失效和向新规范之过渡,适用如下规定:

(1) 第24条,第32a条连同标题,第33条前标题,第33条第2、3款,第34条前的标题,第34a条连同标题,第36条第1、3、4款,第36a条连同标题,第40条第2款,第43条第4款,第44条第1款,第44b条,第46条第1a、2款,第53c条第5款,第64条第3款,第66a条,第66b条,第67条条款名称之变更,第68条之删除及新的第68条连同标题于公布之日后生效。

(2) 第5条第1a款,第14条第1款,第26条第3款,第27条第2a款第1项、第3款,第30条第3款第1句,第31条第3款第3项,第32条第2款,第33a条连同标题,第2章第2节之标题,第34b条连同标题,第37a条第1款、第3款第1句、4款,第39条第2款第1句,第39a条连同标题,第41条第2款,第44条第3款第1项,第45条第1款第6、7项,第47—49条前的标题,第47条第1、2款,第49条第2、3款,第49a条第1款、第2款、第6款最后1句、第10款,第50条第1款、第3款、第6款最后1句、第7a款、第9款,第52a条第2款最后1句,第53b条第3款,第53c条第6款,第53d条第2款,第53e条第2款,第54条第3款,第54a条第3、4款,第54b条第1b款、第3款第1句,第54d条第2款,第55条第2款以及第64条第5款于2019年1月1日生效。同法第27条第4款、第36条第2款第1句、第37a条第3款最后1句以及第53b条第2款第3句失效。

(3) 依据第47条第2款、第49a条第1款和第50条第1款之命令可自法律颁布之次日发布,但最早只得于2019年1月1日生效。依据第47条第2款和第49a条第1款、至2018年12月31日一直有效之版本而发布的命令,直至依据第 47 条第 2 款和第 49a 条第 1 款之命令发布,继续有效。

21.《联邦法律公报》58/2018 刊载之第 38 条和第 59 条第 2 款于 2018 年 8 月 1 日生效。

执行

第 70 条 本法由联邦政府执行。

后　　记

近些年来，承蒙学林前辈和同仁抬爱，我时常被冠以"熊处罚"的标签。荣幸之余，也徒增了一些责任。2019—2020年，恰逢《中华人民共和国行政处罚法》修改，在几次学术会议上，我隐约感觉到人们对域外立法的陌生，多数比较法上的共识问题却频频遭遇争执。学以致用，知行并进，立法中欠缺比较法素材，说到底乃是学界之疏，应由学者加以补充。我既以处罚为业，"舍我其谁"，填补这一空白，冥冥之中成为我分内之事。这既是一份责任，也是一份情怀，我甚至于时常想，现在的学术研究分工太细，学者们各司其职，各有担当，如果我不去做，可能就永远不会有人理会了。

但是，我也只是一个"土鳖"博士，略通英文，对德文、日文、意大利文一窍不通，而《中外行政处罚法汇编》的主要工作量，恰恰是《德国违反秩序法》和《奥地利行政罚法》。因此，这项工作除了会消耗一定的财力和时间之外，还需要我"厚着脸皮"去请一些曾在海外求学的学友出手相助。

先从意大利法这个"硬骨头"啃起，我最先联络的是中国政法大学的罗冠男老师。罗老师是法制史专家，与公法鲜有接触。我联络罗老师的时间是2020年3月30日，而我认识罗老师的时间也只是2019年12月。我本来不抱太大希望，但没想到罗老师一口答应了，并且仅在一个月后就将《意大利1981年11月24日第689号法律对刑法体系的修改》译文发给我了。

随后，我又联系了中南财经政法大学的张青波老师和郑州大学的王圭宇老师。青波兄长我几岁,圭宇与我同龄,二位与我是老交情,我们经常一起开会、喝酒、聊天。微信中,他们同样都是一口答应了,并和我的看法一致,认为这是在做一件有意义的事,理当出一份力。至此,意大利、奥地利、俄罗斯三个国家的翻译任务已经敲定,剩下的主要是日本和德国。

对于日本法的翻译任务,我最终邀请的是南京财经大学的王树良老师。树良兄毕业于日本早稻田大学,对日本行政法上的相关制度十分熟悉。我们同在一城,平时面对面交往虽不多,但网络交流还算频繁。我将请求表达之后,他非但三天之后就将译稿发给我了,并且还撰写了一份有关日本行政处罚制度的说明。

在本书编写过程中,我们遇到的最大麻烦是《德国违反秩序法》的翻译。由于该法篇幅很长,翻译任务特别繁重,因此,我们最先并未打算重新翻译,而是想将一些译稿直接拿来使用。我们了解到,国内除了"中国知网"上能够查到的郑冲译本之外,还有台湾地区吴绮云老师2008年发表的一篇译稿。我本想经吴老师授权,将译稿直接编入,但却一直联系不上。其间曾多次麻烦厦门大学台湾研究院的刘文戈老师。文戈兄是我在公法学博士生论坛上认识的学友,与台湾法学界较为熟悉。他费尽周折,用尽一切办法帮我打听,但最终得知吴老师已经定居海外,无法取得联络。因此,我又改变计划,找到了刚从德国明斯特大学毕业不久的查云飞博士。云飞兄才华横溢,胸怀大志,回国后更是百端待举,任务繁重。但是,他同样没有拒绝我,只是说了可能需要多给他一点时间。

我之所以在团队组建上说这么多,主要是想告诉使用本书的读者和同行朋友们,这本书虽然挂了我的名字,但其实我所作的工作是最少的,或者说技术含量是最低的。而全书的精华部分,是在学界多位朋友的鼎力支持下完成的。在当下译稿已是大多数高校KPI考核排除对象的"内卷"环境中,他们仍然愿意花费精力做这一件在职称评定上毫无意义的事情,除了与我本人之间纯真的友谊之外,我想更多的是在于他们对学术研究的本心,是一份厚厚的情怀,是令人动容的责任感。因此,本书后记中的第一份致谢,是送给他们的,谢谢他们的无私奉献。同时,对于本书的编写,北京大学出版社编辑徐音女士付出了较多精力,我的研究生周玲玲、陈武略、覃业恩、崔梦雪等人,也在稿件整理上提供了较大帮助,在此一并致谢。

行政处罚,是我近十年来持续关注的一个主题。在理论研究中,我曾十分孤独,知者甚少。2019—2020 年,《中华人民共和国行政处罚法》的大修给我带来了好运,是我学术研究中的"大年",我个人得到了前所未有的收获。我认为,这是立法实践对我学术生命的"馈赠"。作为回报,我携几位学友汇编了这本书,既可以算是我个人送给新法的一份礼物,同时也可算是为新法实施提供的一本参考书。

熊樟林

2021 年 4 月 25 日

于东南大学九龙湖畔